Christoph Wagner-Trenkwitz

Alles Walzer

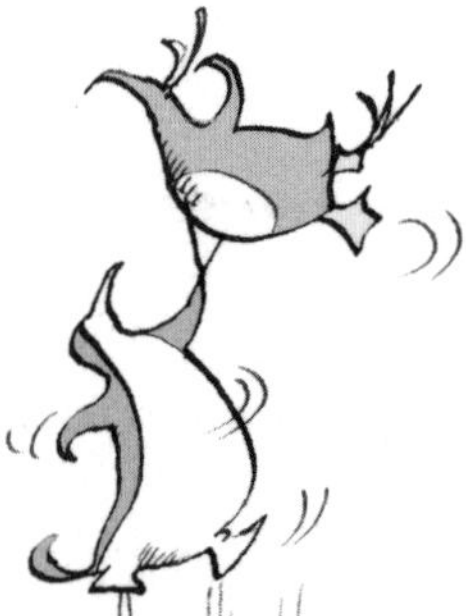

Christoph
Wagner-Trenkwitz

Alles Walzer

Der Opernball von A bis Z

Mit einem Vorwort
von Karl Hohenlohe
und Illustrationen von
Michael Pammesberger

Amalthea
Verlag

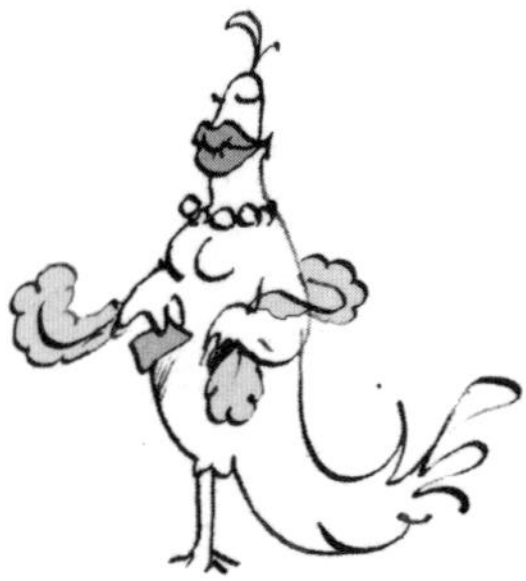

1. Auflage November 2020
2. Auflage Februar 2021

Besuchen Sie uns im Internet unter: amalthea.at

Umschlaggestaltung: Elisabeth Pirker/OFFBEAT
Umschlagabbildungen sowie alle Abbildungen im Buch:
© Michael Pammesberger
Lektorat: Madeleine Pichler
Herstellung und Satz: VerlagsService Dietmar Schmitz GmbH, Heimstetten
Gesetzt aus der 10/14,1 pt Sabon LT Pro
Designed in Austria, printed in the EU
ISBN 978-3-99050-189-4

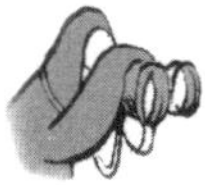

Inhalt

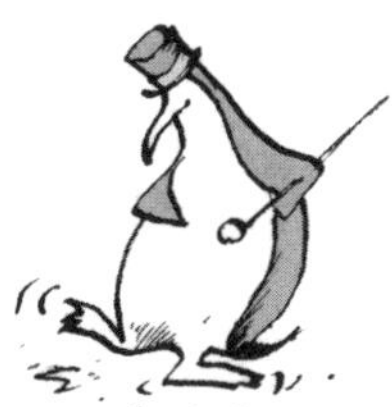

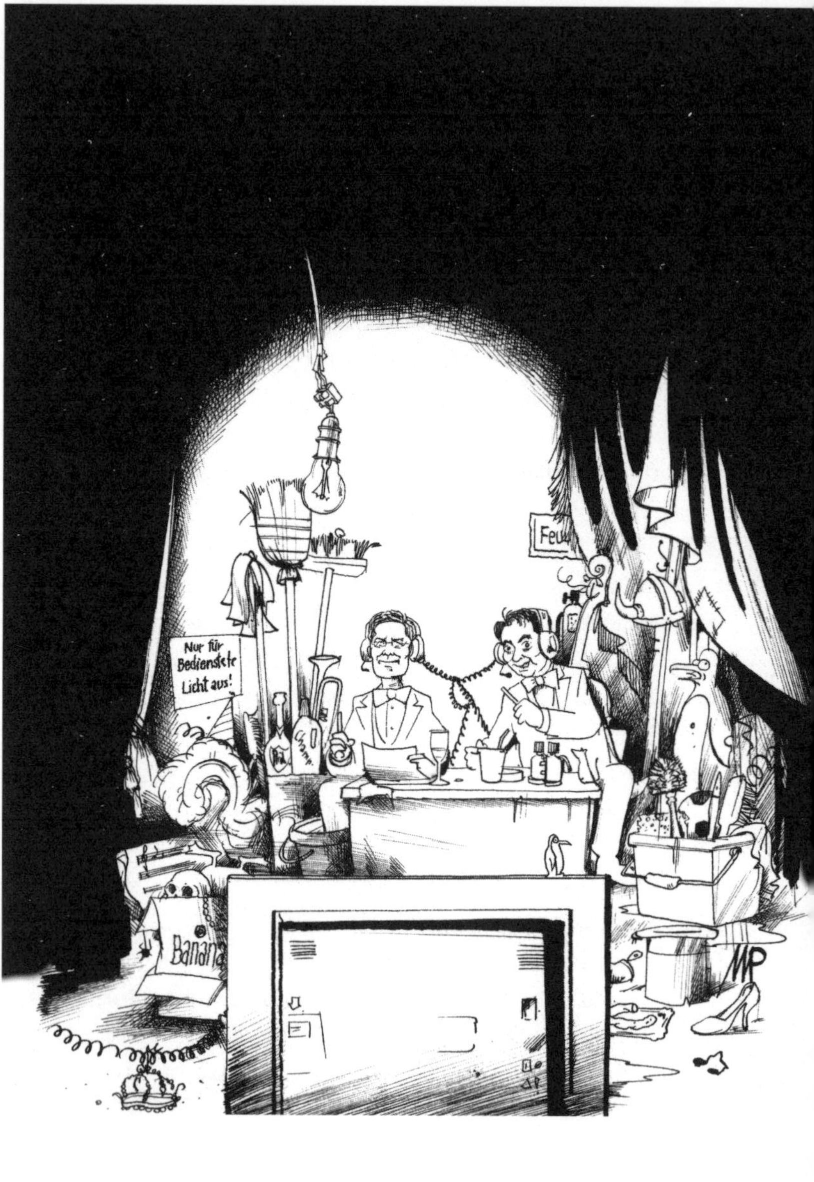
Nur für
Bedienstete
Licht aus!
MP

Geleitschutz

von Karl Hohenlohe

Was den Opernball anbelangt, gilt Christoph Wagner-Trenkwitz als Hunderttausendsassa. Niemand sonst wo in Wien kennt die Damen und Herren vom Orchester, von der Tanzriege und der Pfadfinder-Gruppierung vulgo Platzanweiser so gut wie er. Als Experte der floralen Prachtentfaltung des Balles ist er weit über die Bundesländer hin berüchtigt. Die Sängerinnen, das Köchelverzeichnis, Hymnen, Ballhistorie, Partituren und Komponisten sind sein Zuhause. Wer, wenn nicht er kann also ein profundes Opernballbuch schreiben?

Ich kann zu den Lebensumständen von CWT nur wenig sagen – sein Alter, sein Gewicht, sein Deodorant sind mir fremd. Wir haben uns im vorigen Jahrhundert auf einem Flohmarkt für kasachische Miniaturdampfmaschinen in Łódź das erste Mal gesehen und seither nicht aus den Augen verloren.

Wagner-Trenkwitz hat mir einmal erzählt, er hätte bei der Weltausstellung in der Rotunde (1873, ich kann nicht länger über sein wahres Alter schweigen) in einem Blumenfachgeschäft ausgeholfen, ich nehme an, sein ungeheuerliches Pflanzenwissen stammt aus dieser Zeit.

Immer schon war es mir ein Anliegen, ihn zu fördern, ihm unter die Arme zu greifen und ihm den Sinn des Lebens ein wenig näherzubringen: Ich habe ihn das Service beim Ping-Pong gelehrt, war bei den Turmspringer-Kursen dabei und habe ihn zu den ersten Ikebana-Steckkursen begleitet.

Nun wird er von der langen Leine gelassen, zum ersten Mal in seinem Leben muss sich Christoph Wagner-Trenkwitz mutterseelenalleine beweisen. Zehntausende haben mich gewarnt, es wäre noch zu früh, er wäre der Aufgabe, allein ein Opernballbuch zu kreieren, niemals gewachsen, aber ich weiß es besser. Ich habe die Eigentümer der kritischen Stimmen niedergeschlagen und plötzlich ist Ruhe eingekehrt.

Natürlich plagt mich die Sorge, er würde, so wie ich, Bianca Jagger mit der Mutter von Mick Jagger verwechseln, Tulpen als Rosen benennen und Caruso für einen Autoverleiher halten.

Letztendlich bin ich aber voll berechtigter Hoffnung, dass er seine Leistung auch ohne seinen Mentor abrufen kann und die kommenden Seiten – wenn nicht von Pulitzer, so zumindest von diesen Dynamitleuten in Schweden – gewürdigt werden.

Den Abend des abgesagten Opernballs 2021 werden wir selbstverständlich gemeinsam in unserem Homeoffice vulgo Home-Chamber alias Heim-Kammerl verbringen. Wir werden ins Leere kommentieren und hoffentlich genauso viel Spaß haben, wie Sie beim Weiterblättern.

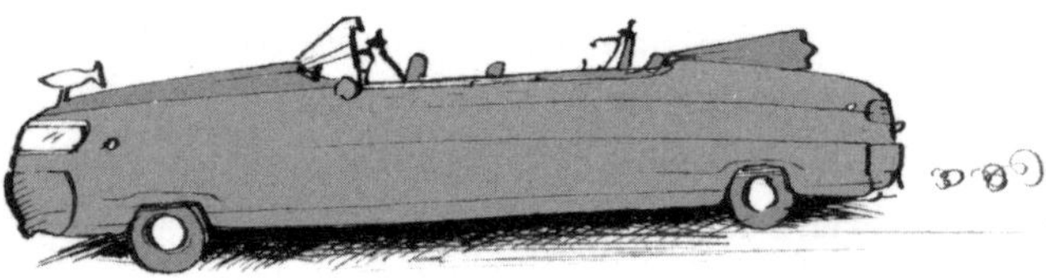

Vorbemerkung

Zum Wiener Opernball Ausgabe 2005 schufen Hohenlohe und Wagner-Trenkwitz (die im Folgenden liebevoll Kari & Christoph genannt werden) eine Fernsehdokumentation, die den Titel *Das heitere Opernball-ABC* trug. Natürlich dachten wir an Robert Lembkes *Heiteres Beruferaten* und andere TV-Klassiker, als wir uns an die Arbeit machten. Wir scherzten unter dem Buchstaben D etwa über Düsseldorf (das nichts mit dem Ball zu tun hat) und brachten beim Stichwort »Damenwahl« einen pfeifenden und schnaubenden Damen-Wal ins Bild.

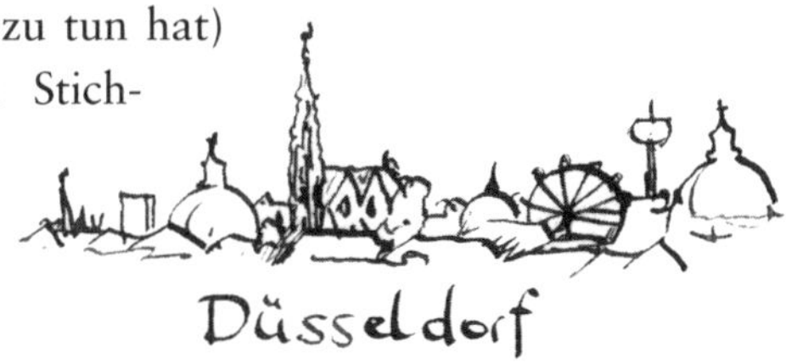

Natürlich dachten wir nicht daran (wir haben überhaupt nie so viel gedacht), den von optischen Effekten lebenden und damit sehr opernballgemäßen Beitrag jemals in schriftliche Form umschmieden zu müssen. »Der Opernball von A bis Z, also von Abendrobe bis Zylinder, von Antel bis Zilk, von Antike bis Zukunft, von Anabolika bis Zugluft und von Androsch bis Zawinul«, so tönte es damals (ohne dass wir sicher von einem Ballbesuch der Jazzlegende Joe Zawinul wussten).

Einige Monate später (aber nicht viele, es war noch vor der Weltherrschaft von Dr. Google) wurde uns ein Lexikonartikel (☞ Literatur am Ende des Buches) von überschaubarer Länge abverlangt. Anstatt uns fasslicher Ernsthaftigkeit und ernsthafter Fasslichkeit zu befleißigen, schufen wir ein kleines ABC, das gewissermaßen die Keimzelle des vorliegenden Buches war.

Natürlich geht es auch in diesem nicht immer mit ernsten Dingen zu, vieles fehlt, anderes hätte ich mir (und Ihnen) ersparen können, manches wird extrem subjektiv, anderes unerträglich objektiv sein ... doch nun genug der Rechtfertigungen!

Mein Dank gilt dem grandiosen Michael Pammesberger – ihm ist es zuzuschreiben, dass Sie dieses Buch auch genießen werden, wenn Sie kein Wort davon lesen –, der umsichtigen und stets hilfreichen Lektorin Madeleine Pichler sowie, last and least, Karl Hohenlohe: Er hat ein poetisches Vorwort geschrieben und kann sich ohne sonstigen Aufwand in aller Seelenruhe darüber freuen, der meistgenannte Mensch in diesem neuen Standardwerk zu sein.

Mögen Sie ebenfalls Freude an dem Bändchen haben und mögen uns am letzten Donnerstag vor dem Aschermittwoch noch viele Opernbälle erfreuen!

Christoph Wagner-Trenkwitz
Rijeka, im Oktober 2020

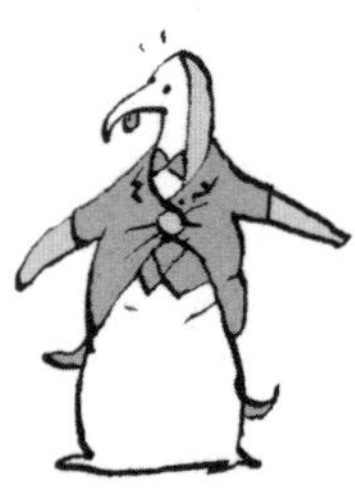

A–Z

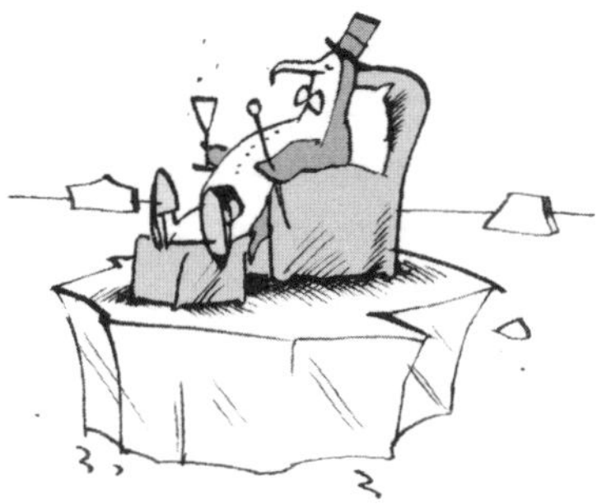

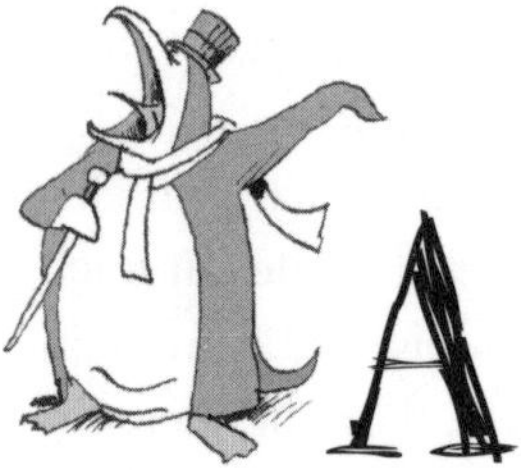

Absage, die

Was für ein deprimierender Beginn unseres Opernballphabets! Aber es muss sein: Regierungsvertreter ließen uns Mitte September 2020 wissen, dass die »Mutter aller Virenschleudern« (dieser Begriff stammt allerdings von Journalist Hans Rauscher) im Februar 2021 nicht stattfinden kann. Von »Society-Schock« und »Winter-Blues« war in den Medien zu lesen, da aber auch der Ballverliebteste aller Baumeister »Verständnis« zeigte, wie die *Tiroler Tageszeitung* exklusiv

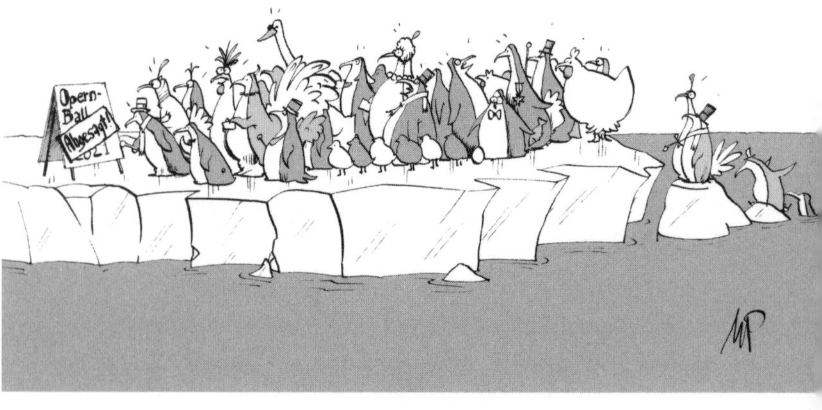

meldete, fügte man sich in das »coronabedingt« (= mein zurzeit bestgehasstes Wort) Unausweichliche.

Der neue Direktor Bogdan Roščić sprach sein ehrliches Bedauern aus; insgeheim war er vielleicht auch einer Sorge ledig und dachte, gut bis 2022 auf sein Opernballdebüt warten zu können. Für die Zeit bis dahin formulierte Hans Rauscher einen guten Tipp: »Wenn es dann aber wieder geht, vielleicht in der nächsten Saison, könnte sich der Direktor ja überlegen, wie man den Opernball wieder zu einem wirklich eleganten Wiener Ereignis macht.«

Bisherige (Fast-)Nichtabhaltungen des Balls werden unter den Schlagworten **Chronik** beziehungsweise **Karajan** abgehandelt.

Alias

Im Laufe der Jahrzehnte hat unser Fest viele schmückende Beinamen erhalten. Allzu gern gedroschen und reichlich banal: »der Ball der Bälle« (wozu eigentlich die Wortabstände? Man spricht es doch auch »BallderBälle«) und »Staatsgewalze«, womöglich noch im »vielleicht schönsten Ballsaal der Welt«. *Die Elegante Welt* (ein Periodikum, das aus verständlichen Gründen nicht mehr existiert) schrieb 1968 etwas tiefergehend vom »Staatsakt im Dreivierteltakt«.

Glauben Sie ja nicht, dass der *Volksstimme*, dem Organ der Kommunistischen Partei Österreichs, nichts Positives zu unserem Event eingefallen wäre: »Jetzt ist der Opernball der schönste Hausball Wiens.«

Kari & Christoph bemühen sich, um nicht Vielgesagtes dauernd wiederzukäuen, andere Umschreibungen zu finden: Von einem »Zeltfest der Hautevolee« war die Rede – obwohl wir ja wissen, dass die Mehrzahl der Ballbesucher*innen* Menschen wie Du und Ich sind, und erst recht die Mehrzahl der Ballbetrachter*innen vor den TV-Geräten; aber die vage Hoffnung, sogenannte »Prominente« (zu Deutsch: »Herausragende«) aus dem Menschengewurl herausragen zu sehen, will nicht schwinden. Der Begriff »Mittelding zwischen Staatsbegräbnis und Avatar« hat den Honorar-Verantwortlichen des ORF maßlos amüsiert, ohne dass sich dies auf unsere Gagen niedergeschlagen hätte. Als »Dschungelcamp für Frackträger« bezeichneten wir das Fest sowie angesichts der 364 Tage währenden Vorfreude als »Aller Tage Abend«. Wir erinnerten uns auch einmal an die Arche Noah: »Von jeder Tierart ein Pärchen, das hier der Sintflut entgegenfeiert.«

Sabine Schiechl hat im Untertitel ihrer 2001 erschienenen Diplomarbeit den Opernball mit einem anderen klugen Alias umschrieben: »... kulturtheoretische Überlegungen zu einer erfundenen Tradition als ruhendem Pol im Wandel der Zeit«. Egon Friedell wieder meinte einstmals, in Österreich werde man nur dann berühmt, wenn man etwas auffällig *nicht* tut. Da

---

* **Breaking News**: Es gibt ein drittes Geschlecht! Sollten Sie das von mir erfahren, meine Dame, mein Herr (wenn Sie weder noch sind, dann wissen Sie es ja bereits), dann ehrt mich das. Die oben gewählte Schreibweise mit dem Binnensternderl ist jedenfalls die korrekte, und sie wird Ihnen in diesem Büchlein noch ein paar Mal begegnen.

sich ein auffälligeres Nichts als der Wiener Opernball kaum vorstellen lässt, könnte man ihn auch so charakterisieren (ich tat es in meiner Anekdotensammlung *Schon geht der nächste Schwan*): »Eine Spitze, größer als der dazugehörige Eisberg«.

Dem letzten Vorkriegsopernball im freien Österreich, 1938, widmete die *Neue Freie Presse* eine ganze Seite (und die waren damals groß). Sie schwärmte von einem »Empfang, den das repräsentative und mondäne Wien sich selber gibt«, geprägt von dem »harmonischen Dreiklang: Frauenschönheit, Modekunst und Walzerrhythmus. Ein Abend, an dem man sozusagen alle Augen voll zu tun hat ...«.

Anlässlich seines 85. Geburtstages im Sommer 2020 fand der ehemalige Staatsoperndirektor Ioan (**dieser**) Holender eine andere blumige Umschreibung: »Der blöde Opernball.« So kann man es natürlich auch sehen, oder lieber wie Lotte Tobisch: »Ich weiß nicht, von wem der Satz stammt, der Opernball sei die wichtigste Nebensache der Welt, aber irgendwas ist schon wahr dran.«

Alles Walzer!

Nicht nur der (halb originelle) Titel dieses Buches, sondern auch der Ruf, bei dem Kari & Christoph in ihrer Kemenate (**Kammerl**) unbedingt schweigen müssen. Die Formulierung soll noch auf Strauss-Schani persönlich zurückgehen: So forderte er die Anwesenden auf, nicht mehr nur zu lauschen, sondern tätig zu werden. Beim Ball fallen die Kordeln (**Parkett**) und die Massen strömen aufs Tanzparkett.

Der langjährige Opernball-Zeremonienmeister Robert Hysek fügte den beiden prägnanten Worten noch ein sehr persönliches »… und viel Vergnügen« an (wobei er das letzte Wort, echt Wienerisch, »Verknügen« aussprach) – Gott sei Dank hat er nicht auch noch »Grüssiemahlzeit« gewünscht. In rezenten Jahren wird der Ruf den stimmpotenten Künstlerinnen und Künstlern anvertraut, die während der Eröffnung das Stehparterre unter der Mittelloge bevölkern.

Regelmäßig wird angezweifelt, ob »Alles Walzer« überhaupt sprachlich korrekt sei; als Bundesheerabsolvent erinnere ich mich aber gut an »Alles auf!« und »Alles in Deckung!«. Außerdem liegt die Betonung ohnehin nicht bei »Walzer«, denn im allgemeinen Gedränge kann man sich samt Partner*in höchstens ein wenig herumschieben, sondern auf »Alles«.

Als Ergänzung zu diesen Überlegungen drängt es mich, ein Stückchen echte Literatur abzudrucken (in diesem Buch fast ein Fremdkörper!), und zwar aus dem Gedicht »Glückwunsch« von Ernst Jandl: »wir alle wünschen jedem alles gute […] wir jeder wünschen allen alles gute«.

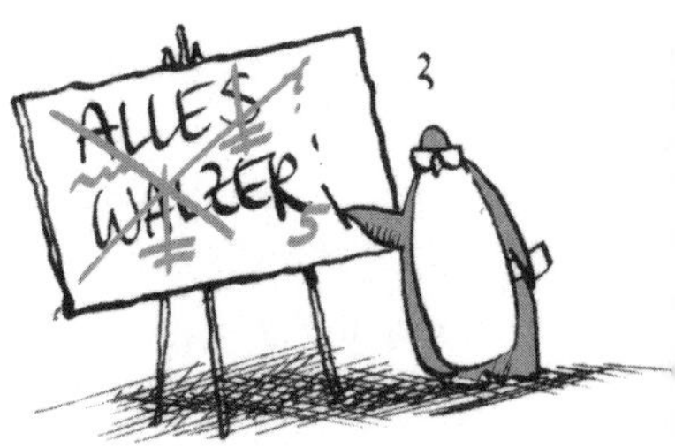

Alternative Bälle

Es muss ja nicht immer das Mega-Event sein, vor allem, wenn man die Geldbörse schonen oder eine Message vermitteln möchte. Am Abend des Opernballs findet zumeist der Wiener Rosenball statt, veranstaltet von der schwulen Szene (es soll auch schon mal ein Opernballmoderator nach seinem Einsatz am Ring zum Rosenball gewechselt sein). Zwischen 1998 und 2004 wurde am Tag des Opernballs von der Straßenzeitung *Augustin* die Gegenveranstaltung »Opferball« organisiert. Es herrschte freier Eintritt für Obdachlose, denen auch die Einnahmen zugutekamen.

Kari & Christoph sind sehr angetan vom sogenannten »kleinen opernball« (oder schreibt man ihn doch mit Großbuchstaben?), wohin sie nach ihrer aktiven Zeit wohl wechseln werden. 1962 begründete die ÖVP-Bezirksvertretung Neubau diese Veranstaltung (deshalb auch »Kleiner Neubauer Opernball«), die jeweils am Nachmittag des großen Bruders stattfindet und als größter Seniorenball Österreichs gilt. Seniorenclub-Star Hilli Reschl moderierte lange Jahre, immer wieder fanden sich Bundespräsidenten samt Gattinnen ein. Beim ersten Mal kamen rund 50 Gäste (also etwa so viele wie bei einer schwachen Opernballdemo), doch mit steigenden Pensionistenzahlen wuchs die Veranstaltung und wechselte in größere Säle, zuerst ins alte Hotel Wimberger, später in den Messepalast und 1986 in die Hofburg. Seit 1990 findet der gar nicht mehr so »Kleine Opernball« im Wiener Rathaus statt.

»Am«

Die Sprachverschluderung macht auch vor dem Ball der Bälle nicht halt. So wird allgemein davon gesprochen und geschrieben, diese oder jene Persönlichkeit hätte sich »am« Red Carpet (**dieser**) befunden, obwohl sie *auf* jenem stand; wirklich *am* Red Carpet tummeln sich Fotografen und Kamerateams, welche die *auf* demselben befindlichen Herrschaften für eine kurze Ewigkeit im Bild festhalten. Und *am* Ball haben nur Hohenlohe (**dieser**) und Wagner-Trenkwitz (**jener**) ihren Platz: nämlich in einer separierten Räumlichkeit, die mit dem Begriff »Kammerl« (**dieses**) gekennzeichnet wird.

An der schönen blauen Donau

Die berühmteste Dreivierteltakt-Komposition überhaupt beginnt ähnlich wie Richard Wagners *Parsifal*-Vorspiel, geht aber viel lustiger weiter. Der *Donauwalzer*, wie er allgemein genannt wird, stammt aus der Feder des ehemaligen Hofballdirektors Johann Strauss Sohn (**dieser**) und trägt die Opusnummer 314, wenn Sie's genau wissen wollen. Wichtiger ist, dass er, gemeinsam mit dem nachfolgenden *Radetzkymarsch* des Strauss-Vaters, Wien und die Welt ins Neue Jahr schickt.

Der *Donauwalzer* fungierte anlässlich der Republiksgründung 1945 als provisorische österreichische Hymne und wird immer noch als heimliche solche bezeichnet (wiewohl ich ja dem ebenfalls von Strauss

Sohn vertonten »Glücklich ist, wer vergisst, was doch nicht zu ändern ist« den Vorzug gebe). Am Vormittag des 5. November 1955, dem Tag, als die neu aufgebaute Staatsoper der Nation wiedergegeben wurde, fand allhier ein Festakt statt. Karl Böhm, der letzte Operndirektor der Nazizeit, war auch der erste Direktor im freien Österreich (was bei unserem ausgeprägten Traditionsbewusstsein niemanden überraschte). Er erhielt vom Unterrichtsminister den »Schlüssel der Oper« und dirigierte (nicht mit diesem, sondern mit einem regulären Taktstock) das Vorspiel zu *Die Meistersinger von Nürnberg*, das auch von Führers Gnaden immer wieder gern aufgeführt worden war, und, als Zugabe, den *Donauwalzer*. Jetzt war man wieder daheim, und dass Johann Strauss aus einer jüdischen Familie stammte, war, ebenso wie in den Jahren davor, kein Thema.

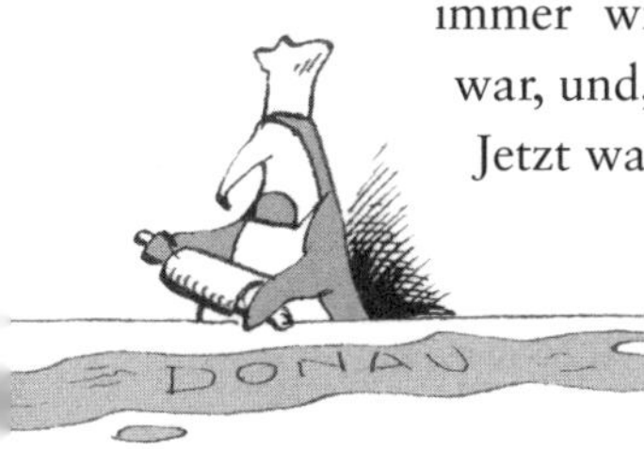

Auch bei der Balleröffnung (**Ball** und **Eröffnung**) scheint die schöne blaue Donau einen Fixplatz als Untermalung des ersten Linkswalzers, ausgeführt vom Jungdamen- und Jungherren-Komitee, zu haben (dann raunt Kari dem Christoph gerne hörbar ins Ohr: »Sie spielen unser Lied!«). Doch das war nicht immer so: Schon beim ersten Nachkriegsball 1956 drehte sich das Komitee zu Josef Strauss' Walzer *Mein Lebenslauf ist Lieb und Lust*, während der *Donauwalzer* dem Staatsopernballett vorbehalten blieb.

Androsch, Hannes

Er war einstmals Österreichs jüngster Finanzminister, mittlerweile ist er weder noch, aber ein gern gesehener Opernballgast. Dort äußerte er zumindest drei Sätze von unvergänglicher Größe: »Der Opernball ist das größte Pinguintreffen des Jahres.« (Dieser Satz hat auch unseren wackeren Zeichenkünstler Michael Pammesberger wiederholt inspiriert). »I' arbeit' scho lang nix mehr, i' bin nur mehr tätig.« Und schließlich, an der Seite von Hannes Kartnig, Fußball-Funktionär noch ohne Fußfessel: »Mir zwa san net scheen, aber mir san da.«

Ästhetik, die

Apropos schön: »Beauty is in the eye of the beholder«, notierte Margaret Wolfe Hungerford 1878 und meinte damit vielleicht die zweite Hofopernsoiree, den Vorläufer des heutigen Opernballs, die in demselben Jahre stattfand. Wir neigen zu der Übersetzung »Schönheit liegt im Auge des Behälters«, womit nur der Container und sein Inhalt, nämlich Kari & Christoph, gemeint sein können. Diese Übersetzung ist aber falsch, und nach einigem Nachdenken kommen wir auf die griffige opernball-spezifische Formel: »Alles (Walzer) ist relativ.«

Relativ tief ist manches, was sich beim Opernball dem Auge dartut. Im Jahre 1964 war dies vielleicht noch nicht der Fall, sonst hätte sich der Redakteur des *Rheinischen Merkur* niemals zu so noblich-kaisertreuem Geschwurbel aufschwingen können: »… auch ohne die Präsenz gekrönter Häupter ist der Wiener Opernball eine Inkarnation jener imperialen Humanität, die das Haus Habsburg Österreich und der Welt hinterlassen hat: ein seltenes Exempel des guten Stils, ein Musterbeispiel für die gesellschaftliche Funktion des ästhetisch geformten Beisammenseins, das weit über Österreich hinausstrahlt. In dieser festlichen Nacht ist Wien ganz bei sich und Europa zu Hause – und bei allen guten Genien einer Vergangenheit, die sich mehr als unser fortschrittspuritanisches Zeitalter des menschlichen und politischen Werts der guten Formen bewußt war.«

Man denkt unwillkürlich an den *Herrn Karl*: »Damals hat man etwas auf Formen gehalten. Die Kunden, das waren Herren. Herren und Formen!« Aber weiter im merkurischen Geschwurbel: »Denn noch immer residiert in der ins Wiener Leben integrierten Hofburg der Bundespräsident der Republik Österreich in den Gemächern der Maria Theresia genauso selbstverständlich wie der Finanzminister im Stadtpalais des Prinzen Eugen in der Himmelpfortgasse und der Unterrichtsminister im Palais Starhemberg.«

Ästhetisch geformtes Beisammensein hin oder her, Gott sei Dank existiert die von Maria Theresia gegründete brutale Keuschheitskommision heute nicht mehr, führen wir keine Türkenkriege wie weiland Prinz Eugen, und auch vom Bundesführer der Vaterländischen Front Ernst Rüdiger von Starhemberg hat man schon lange nichts mehr gehört …

Attentat, das

Schon wieder so ein hässlicher Begriff, den man in einer lustigen Fibel nicht lesen will, aber es muss sein. Knapp vor dem Opernball 1962 schrieb ein (immerhin vom Humor weitläufig gestreifter) Unbekannter einen Drohbrief folgenden Inhalts: »Sie haben unverzüglich dafür zu sorgen, daß der Opernball abgesagt wird, andernfalls wir uns genötigt sehen, ihn durch eine kleine Bombe jäh zu beenden, die um Schlag 21 Uhr unseren Willen und den Willen jedes Normaldenkenden dokumentieren und durchsetzen würde. Sollte entgegen den Annahmen die Bombe nicht zünden, was bei der gegenwärtigen Schlamperei der Fabrikanten kein Wunder wäre, so liegt für 22 Uhr ein zweites Exemplar vor, das durch unseren Vertrauensmann in Bereitschaft gehalten wird.« Die Bombe(n) platzte(n) nicht, es blieb für Veranstalter und Polizeibehörden beim Schrecken, den das Schreiben des »Normaldenkenden« ausgelöst hatte.

Der österreichische Schriftsteller Josef Haslinger setzte mit seinem 1995 erschienenen und 1998 verfilmten Roman noch eins drauf. Er trägt den schlichten Titel *Opernball* und schildert den von einer rechtsradikalen Gruppierung verübten Giftgasanschlag auf das Fest, bei dem über 3000 Menschen (inklusive den Spitzen der Bundesregierung) den Tod finden. Um eine Bombe beim Opernball samt bösen Neo-

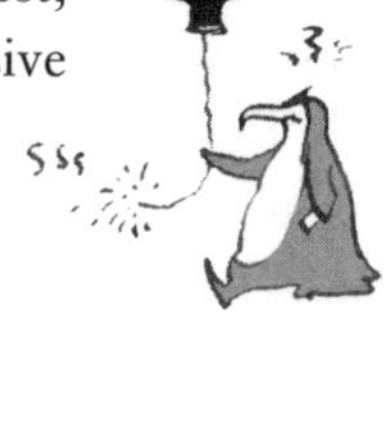

nazis geht es auch in einer jüngeren österreichischen Literaturschöpfung, dem 2019 erschienenen Kriminalroman *Rechtswalzer* von Franzobel.

Nun aber wieder zu erfreulicheren Themen …

B

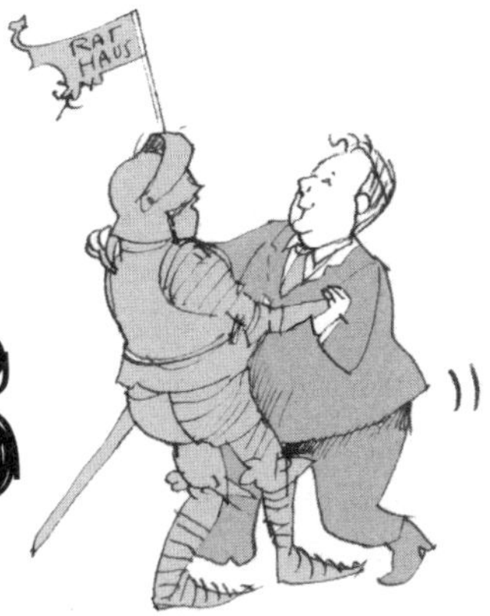

Ball, der

Beginnen wir ganz grundlegend: Wenn auch manche Deutschsprachige meinen, der Begriff »Ball« komme von »ballern«, und sich bei den so genannten Veranstaltungen dementsprechend benehmen – wir, also ich und Sie auch gleich, wissen es besser. Natürlich steht das noble Italienisch Pate: »ballare« (tanzen) und »il ballo«. Die Franzosen entlehnten das Wort, bei ihnen heißt es schlicht »le bal«.

Der erste Pariser Ball (Mist, schon wieder etwas, das wir Wiener nicht erfunden haben) fand im Jänner 1716 statt, also etwa ein Jahrhundert vor dem

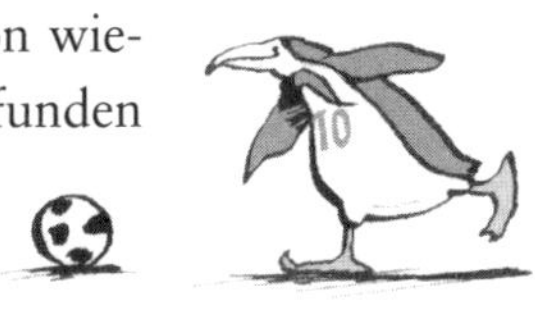

»tanzenden« Wiener Kongress, wo angeblich alles begonnen hat. Auch bürgerliche Tanzveranstaltungen haben sich in Frankreich schon im frühen 18. Jahrhundert verbreitet. Es gab den maskenlosen »Bal paré« in festlicher Kleidung und den »Bal masqué«, der auch in die italienische Oper Eingang gefunden hat: Giuseppe Verdis Oper *Un ballo in maschera* führt uns im Finale eine heimtückische Messerattacke auf den Tenor vor Augen, worauf dieser vor unseren Ohren melodisch verendet.

Aber zurück zur feinen Unterscheidung zwischen maskiertem und unmaskiertem Ball. Beim alljährlichen Großfest in der Wiener Oper scheint nicht allen Gästen die Differenz klar zu sein, namentlich bei den Damen findet man immer wieder fantasievolle Kopfputze, die sich aus einem Kostümgschnas auf den Staatsball verirrt zu haben scheinen.

Damit sind wir bei einer Sonderform des Balls, die wir kurz berühren wollen: Das Gschnas (Mehrzahl die Gschnas, seltener Gschnase) wurde, anders als der feine Ball im Opernhaus, zu Wien erfunden. Karl Schwender, Besitzer des Vergnügungsetablissements *Colosseum* am Braunhirschengrund im heutigen 15. Bezirk, hielt 1872 den ersten »Lumpenball« ab (auf polizeiliche Anordnung unter dem gesitteteren Titel »Ball in abgetragenen Kleidern«). Da »Lumpen« wiederholt auch im Opernhaus und bei dessen Bällen gesichtet werden, entschied man sich späterhin zur klaren Unterscheidung für den Begriff »Gschnas«.

Zurück zu den Nobelbällen: 1830 etwa fand der erste der Gesellschaft der Wiener Musikfreunde statt –

allerdings noch nicht im heutigen Musikvereinsgebäude, das bekanntlich erst seit 1870 steht. Der Kaiserhof kannte zwei verschiedene Vergnügungsfeste: den »Ball bei Hof« der, wie Johannes Kunz präzisiert, eine »dem Erzhaus sowie dem Hochadel« vorbehaltene Veranstaltung war, und den »Hofball«, eine »offizielle Gala, zu der außer dem Adel und den Spitzen des Staates die Beamtenschaft, die Offiziere und das diplomatische Korps Zugang hatten«. Austragungsort waren zumeist die auch heute noch bestehenden Redoutensäle. Die gleichnamigen Veranstaltungen öffneten sich nach und nach einfachen Leuten wie uns, also Kreti und Pleti.

Am 1. Februar 1890 wurde ein neues Fest geboren: der Ball der Stadt Wien, und zwar auf Initiative des beliebten antisemitischen Bürgermeisters Karl Lueger. Johann Strauss und Carl Michael Ziehrer komponierten Stücke für die Eröffnung. Der Wien-Ball etablierte sich sofort als beliebte bürgerliche Faschingshetz.

Ballspenden, die

Dass Österreich eine spendenfreudige Nation ist, erweist sich nicht nur beim vorweihnachtlichen *Licht ins Dunkel*, sondern auch im Scheinwerferlicht des Opernballs. Zugleich ist die Vorstellung der Ballspenden Karis & Christophs großer Moment: Sie dürfen wieder ein paar Minuten ins Bild!

Hier ein klitzekleiner Streifzug durch die Gaben vergangener Jahre, wobei wir mit den Damenspenden anheben: der Gutschein einer Wäschefirma (»Er ist selbst nicht tragbar, aber übertragbar«), eine Duftkerze namens »Bergluft« (das Modell »Talmief« war kein Renner), eine Geschenkbox mit allerlei Hyaluron-Produkten, gewonnen aus dem wundermächtigen Extrakt der Prinzessbohne, und zur Erfrischung von innen Pfefferminz-Tragant-Bonbons in einer »Vintage-Box« (= alte Schachtel).

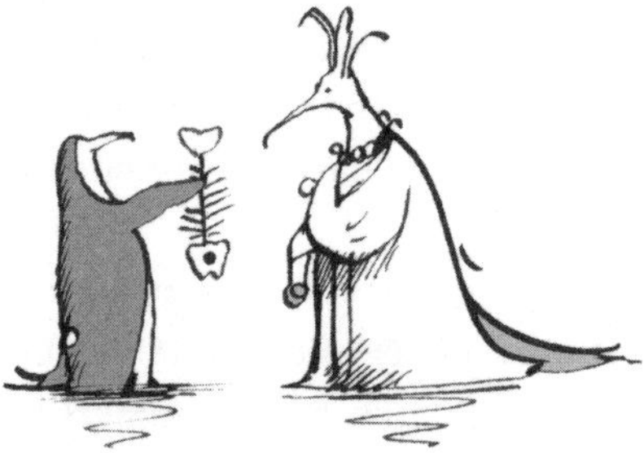

Bei den Herren war ein Jahrzehnt hindurch Muskelkraft gefragt. Zentnerschwere Bildbände des Starfotografen Lois Lammerhuber wurden aufgebürdet. Sie nannten sich unter anderem *GLAMOUR* (was wohl »Liebe« auf Rumänisch heißt), *REPERTOIRE* (zu Deutsch Adressbuch – ich machte den Zuhörerinnen weis, dass sich darin die Wohnorte und Telefonnummern von Netrebko, Garanča und Co. befinden) oder *BEL CANTO*, prallvoll mit Gesangsstars zum Nach-Hause-Schleppen.

Und beim Austritt aus dem Gebäude erhält in den frühen Morgenstunden jedermann und jedefrau frische Karpfen … äh … Krapfen.

Bayern, Wir feiern mit den

Der Freistaat Bayern ist unser geschätztes Nachbarland. Aus norddeutscher Hör-Perspektive ähnelt der dort gesprochene Dialekt dem wienerischen. In der Donaustadt weiß man, dass dies nicht zutrifft, und die Bayern lassen es uns auch gerne fühlen. Zumindest unseren Opernball aber scheinen sie zu lieben.

Der Schlachtruf »Wir feiern mit den Bayern« bezieht sich nicht nur auf Fred Adlmüller (**Roben**) und den forschen Tänzer Franz-Josef Strauß (mit dem mürrischen Satz »Kein Narr soll auf die Idee kommen, den Wiener Walzer zu reformieren« zeigte sich der legendäre Politiker auch in Ballbelangen konservativ), sondern auch auf die zerbrechliche Uschi Glas und den etwas robusteren, dafür völlig mimikfreien Ottfried Fischer (**Hoppala**).

Für mehrere Jahre schloss sich der Bayerische Rundfunk der ORF-Übertragung des Opernballs an und tut es neuerdings, unter dem Pseudonym »BR-Fernsehen«, das sich nicht auf Barbara Rett bezieht, wieder. Der aus Restdeutschland stammende Moderator Gerhard Schmitt-Thiel erwarb sich hierbei einstens den von Dieter Chmelar geprägten Ehrentitel »Weißwurst-Danilo«.

Benefiz, das

Viele sehen das spektakuläre Event bloß als »Fest der Reichen und Schönen«. Doch schon die erste Hofopernsoiree 1877 war der Wohltätigkeit verpflichtet:

Nutznießer war der Opernpensionsfonds, wir hatten es ja mit Zeiten kaum vorhandener Altersvorsorge zu tun. Auch die späteren Redouten wurden »zugunsten der Altpensionisten der beiden Staatstheater« abgehalten – die Jungpensionistinnen gingen also offenbar leer aus.

Auch beim ersten Opernball 1935 konnte *Die Bühne* von einem »Reinerträgnis von beiläufig 50 000 Schilling für die Winterhilfe« berichten. Und das, obwohl vor dem außerordentlich nachgefragten Event gefälschte Eintrittskarten in Umlauf gebracht worden waren, was dem Wohltätigkeitsgedanken krass widerspricht.

1964 wurde der Opernball Schauplatz einer privaten Benefizenz, die durchaus als Werbeausgabe verbucht werden konnte: Familie Underberg hatte eine Loge bezogen und überreichte Hermann Gmeiner, dem Gründer der SOS-Kinderdörfer, medienbewusst einen Scheck über 50 000 D-Mark.

Auch in neuester Zeit unterstützt der Wiener Opernball mit unterschiedlichen Benefizaktionen gute Werke: so die Obdachlosenhilfe der Caritas (»Gruft«) und die Musikförderung für mittellose Jugendliche (»Superar«).

Bewilligung, die

Der erste Nachkriegsball wurde mit folgenden Zeilen zugelassen: »Die Durchführung des von der Bundestheaterverwaltung für 9. Februar 1956 in Aussicht genommenen ›Opernballes 1956‹ wird gemäß § 1 des Hofkanzleidekrets vom 12. Mai 1827, PSG. Band 55, Nr. 60, betreffend Vorschriften zur Sicherung der genauen Beobachtung der hinsichtlich Tanzmusiken kundgemachten höchsten Entschließung, unter Vorschreibung nachstehender Bedingungen bewilligt …«

Die »nachstehenden Bedingungen« wollen wir uns schenken, würdigen aber den Umstand, dass sich die Bewilligung auf ein Dekret stützte, bei dessen Verabschiedung der lang dienende Kaiser Franz Joseph minus drei Jahre und zwei Monate alt war. Merke: Alte Zettel nie wegschmeißen!

Obwohl der greise Kaiser, auch als er noch jünger war, das Ballmuffeltum kultivierte, hieß es 1860 in der »Concours-Ausschreibung, den Bau eines neuen Hof-Opernhauses betreffend«: »Das neue Opernhaus ist zur Vorstellung von Opern und Balletten, wie auch zur Abhaltung von Opernbällen bestimmt …« Prophetische Worte, denn das erste Ballfest dieses Namens sollte erst 1935, lange nach Ende der Monarchie, hier stattfinden!

Blindenhund, der

2007 waren erstmals Blindenhunde beim Opernball erlaubt. Das wird an dieser Stelle festgehalten und nicht verblödelt.

Blumenschmuck, der

Wo sind die Zeiten, als Direktor Holender sich an seine Ballorganisatorin Elisabeth Gürtler wandte, um sie mit einer simplen Frage sprachlos zu machen: »Gibt's Blumen?« Ja, es gab und gibt sie.

Vor und unmittelbar nach dem Krieg waren es die Bundesgärten, die (aus den Schönbrunner Glashäusern) anachronistische Frühlingspracht herbeizauberten. Der Tullner Gärtner Sepp Starkl betreute das Event einige Jahre, 2009 haben die grünen Salzburger Daumen Jörg und Carolin Doll die florale Alleinherrschaft über den Opernball übernommen und gestalten pro Ball über 160 große Blumenarrangements und 480 Tischgestecke.

Meine liebevolle Hingabe an die Ballflora hat mir einige Ehrentitel eingetragen, deren Copyright natürlich bei Karl Hohenlohe liegt – wer sollte mich sonst ehren –, darunter »Deflorist« und »Grüner Star«. Einmal vermutete er, ich sei »den Sukkulenten zugeneigt«, also ein Kakteenfetischist.

Was haben wir nicht alles ge- und erfunden: das Löwenmaul (Kari: »Ist das ein großer Löwenzahn?«), den Ginster, der im Alter eine Pfahlwurzel ausbildet (Kari: »Beneidenswert«), die Anthurien oder Flamingoblumen (weil sie auf einem Bein stehen). Einmal wurden auch Baby-Anthurien gesichtet (»... die Mütter sind mit und beobachten ihre Kinder von oben« – aber nein, es handelt sich um eine eigene Züchtung). Seit 2006 ist die Fairness von Blumen ein Thema,

35 000 Fairtrade-Rosen sah man beispielsweise 2008. Logen wurden mit Blätterarrangements in tropfenförmigen Vasen geschmückt, die auf Hasengittern montiert waren (Kari: »So wird aus einem Hasengitter ein Vasengitter«), 2014 regnete es Lilien sowie Veilchensträuße in die Hände der Debütantinnen …

Und nicht zuletzt der Star des Balls 2016: Gypsophila paniculata, das gute alte Schleierkraut, arrangiert zu »Blütenwolken« – also kein Blumenschmuck, sondern eher Blumensmog. Es wurde vernommen, wie Kari & Christoph »Alles Schleierkraut!« riefen, vor den TV-Schirmen war ein neues Trinkspiel geboren (»Schleierkraut!« – »Und ex!«). 2018 mussten 30 000 Ranunkeln (die logischen Nachfolgerinnen des Schleierkrauts) ihr junges Leben lassen – wir warnten: »Sollte der Logennachbar beginnen zu hecheln, zu zittern und in Ohnmacht fallen, dann hat er von der giftigen Ranunkel gekostet.« 2019 formten wir aus der Protea (Zuckerbusch) die Mehrzahl »Prothesen«, 2020 gab der frischgebackene Vater Hohenlohe das Pampasgras als »Pämpersgras« aus … aber genug!

Die Anwesenheit von Nelken stürzte mich weiland in ein kapitales Hoppala (**dieses**), das aber nichts mit den historischen Nelkenschlachten (**diese**) der 1960er-Jahre zu tun hatte.

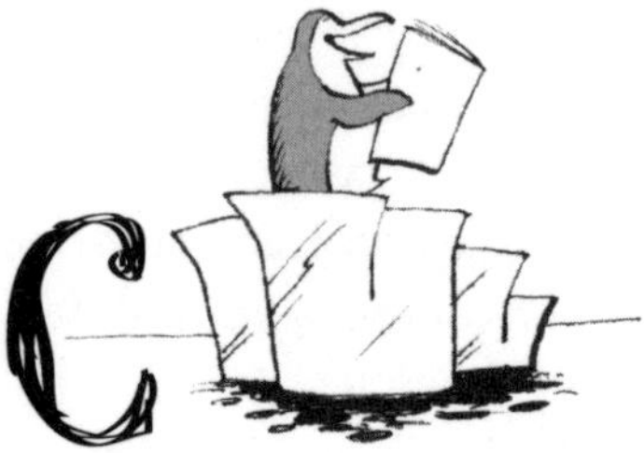

Chatschaturjan, Aram

Kim Kardashian und Charles Aznavour (**Lugners Gäste**) waren nicht die einzigen armenischstämmigen Gäste, die den Opernball besuchten. 1962 gab sich der sowjetische Volkskünstler Aram Chatschaturjan die Ehre. Er war der Schöpfer des berühmten *Säbeltanzes*, der unbedingt einmal zur Eröffnung erklingen sollte, damit sich die debütierende Jugend von ihrer barbarischen Seite zeigen kann.

Christl Schönfeldt berichtete von einem Gerücht, das offenbar an die schwelende Direktionskrise (**Karajan**) anknüpfte: »Chruschtschow hat Unterrichtsminister Dr. Drimmel in alter Freundschaft einen Operndirektor angeboten«, nämlich niemand anderen als Chatschaturjan. »Dieser wäre der geeignete Mann, die Kämpfe mit der Bundestheaterverwaltung auszufechten.« Leider hat sich der Minister den musikalischen Säbelfechter, der »in dieser Nacht zu den eifrigsten Tänzern« zählte, entgehen lassen, sonst könnte die Staatsoper heute auf einen Stalin- und Leninpreisträger unter ihren Direktoren verweisen.

Chronik, die

Ein kleiner Überblick in Stichworten: Erste Hofopernsoiree (**diese**) am 11. Dezember 1877, zwei weitere folgten im Jänner und Februar 1878. Ab März desselben Jahres hießen die kaiserlichen Gschnase plötzlich Redouten (**diese**). »Redouter« bedeutet im Französischen etwas befürchten beziehungsweise sich vor etwas (oder jemandem) grausen, was wenig weiterhilft. »La Redoute« aber heißt »Zufluchtsort«, was auf eine Ballveranstaltung auch nicht gerade zutrifft.

Am 2. März 1878 fand die »Erste Redoute im k. k. Hof-Operntheater« statt. In der Folge gab es bis 1899 jährlich zwei, manchmal drei Redouten (nur jene 1889 fiel aus, weil Kronprinz Rudolf am 30. Jänner auf Schloss Mayerling der Monarchie das Feiern vermiest hatte).

Zwischen 1900 und 1920 herrschte Vergnügungsebbe, ebenso zwischen 1930 und 1934 – warum? Das erste Ball-Interregnum geht auf einen alarmierenden Bericht zurück, der die Opernredouten wegen der untragbaren Notausgang-Situation für »lebensgefährlich« erklärte. Erst am 5. Dezember 1920 wurde von der Verwaltung des Operntheaters ein neuer Entwurf vorgelegt, der mehr Ausgänge vorsah und ausschloss, dass Galeriebesucher Parkett und Bühne betreten. Der Autor des handschriftlichen Exposés war, halten Sie sich fest, der Onkel Herbert von Karajans (**dieser**).

Und in der ersten Hälfte der 1930er-Jahre hatte die Weltwirtschaftskrise auch das kleine Österreich in ihren Fängen. Das hatte sich zwar 1935 nicht wirklich gebessert, aber patriotisches Vergnügungsbewusstsein erzwang den ersten Opernball dieses Namens. 1936 und 1937 ging es so fort, im Jänner 1938 wurde der letzte im freien Österreich (»2000 Autos« seien vorgefahren, meldete die *Neue Freie Presse* aufgeregt), im Jahr darauf der erste und letzte im Verband des »Großdeutschen Reiches« abgehalten; Letztgenannter an einem Dienstag, aber das stört im Rückblick weniger als die Anwesenheit großflächiger Hakenkreuzfahnen.

Zwischen 1940 und 1955 gab es keine Opernbälle (zunächst aus Kriegsgründen, dann in Ermangelung des Opernhauses, das erst im November 1955 wiedereröffnet wurde). 1991 Ausfall des Ereignisses aufgrund des (ersten) Golfkrieges. Seit 1992 (trotz allen Kriegen) wieder Opernbälle.

P.S.: Karis & Christophs gemeinsame Opernbälle »gehen mit dem Jahrhundert«, wie man so schön sagt. 2001 war ihr erster, 2020 ihr zwanzigster. Extra leicht für uns zu merken!

Closett, das

Einrichtung, auf die Altbundeskanzler Bruno Kreisky (**dieser**) nach eigener Aussage vor der Damenwahl floh. Im Opernball-Fernsehinterview mit dem Starmoderator Heinz Fischer-Karwin benützte Kreisky sogar beherzt das Wort »Häusel«. Wenn er die Opernbälle des 21. Jahrhunderts erlebt hätte, wäre er an dem stillen Örtchen regelmäßig flüchtigen weiblichen Lugner-Gästen (**Lugners Gäste**) begegnet.

Commendatore, il

Es handelt sich hierbei um einen italienischen Verdienstorden und nicht um die welsche Version des Kommentators, daher kann eine Besprechung ausfallen (ansonsten **Orden**).

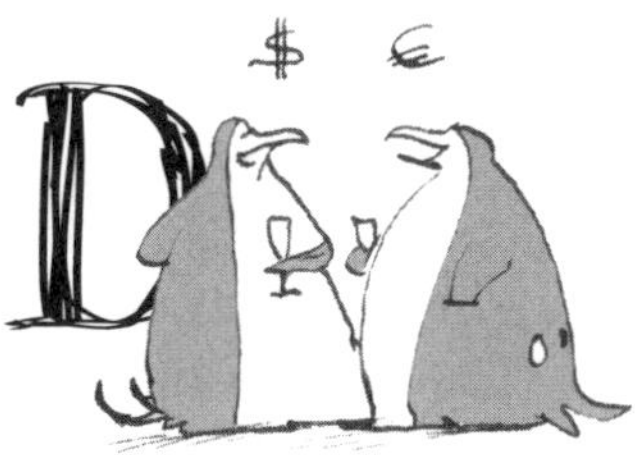

Damenwahl, die

Beim Opernball unüblich.
Ansonsten **Closett.**

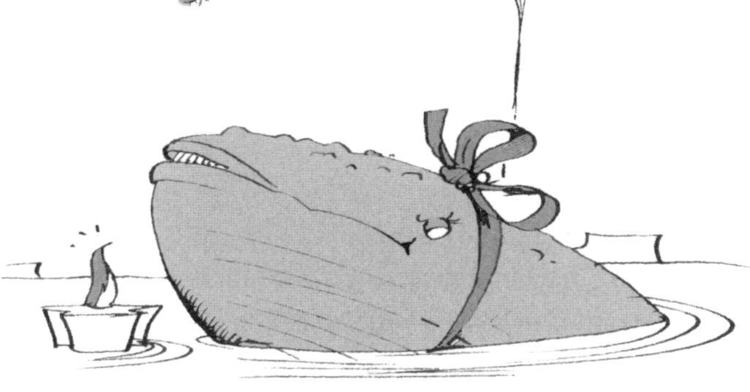

Dobrovolny, Herbert

Geschätzter ORF-Redakteur, der sich auch als Opernballmoderator verdient gemacht hat. Getreu seinem Motto »Sie haben keine zweite Chance, einen ersten Eindruck zu hinterlassen« coachte er Kari & Christoph vor ihrem ersten Gemeinschaftsball. Unvergessen bleibt mir der Moment, als er uns zur Beschreibung eines Bildes aufrief, auf dem der Bundespräsident (damals hieß er Thomas Klestil) neben einigen weiteren Herrschaften zu erkennen war. Wir riefen wahrheitsgemäß: »Links im Bild der Herr Bundespräsident.« Dobrovolny korrigierte: »Man erkennt den Bundespräsidenten. Sagen Sie also nur, dass er da ist. Wenn das Staatsoberhaupt den Tierpark Schönbrunn besucht und mit einem Schimpansen abgelichtet wird, würden Sie dann auch sagen ›Links der Bundespräsident‹?«

An diesen guten Ratschlag denke ich seither jedes Mal, wenn mir der Name des Affen nicht einfällt, der gerade neben dem Präsidenten steht.

Doppelconférence, die

Königsdisziplin des klassischen Wiener Kabaretts, die von Fritz Grünbaum und Karl Farkas zu einer ersten, vielleicht unüberbietbaren Blüte geführt wurde. Seit 2001 versuchen sich Kari & Christoph in dieser Kunst und beweisen Jahr für Jahr, dass die große Zeit der Doppelconférence unwiederbringlich vorüber ist.

Zwei Umstände machen die Qualität einer guten Doppelconférence aus: Es gibt einen Gescheiten und einen Blöden (Kari & Christoph können sich aber nicht einigen, wer welcher sein soll), und der Blöde muss der Gescheitere sein (und diese Rollenzuteilung fällt bei uns mangels Voraussetzungen sowieso flach).

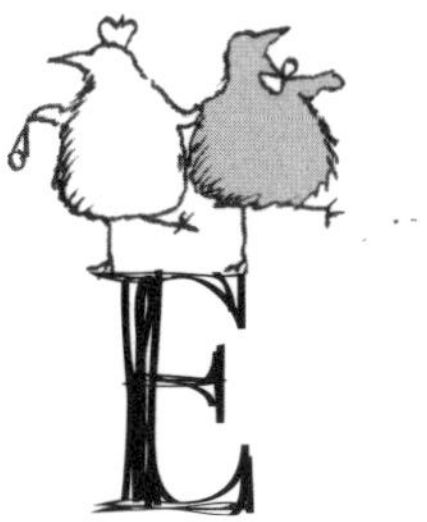

Ehrenschutz, der

Das Haus-, Hof- und Staatsarchiv verwahrt viele kostbare Briefe, so auch diesen. Am 20. Jänner 1966 schrieb der neue Bundespräsident Franz Jonas an den Unterrichtsminister: »Auf Ihr Schreiben vom 14. Jänner d. J. teile ich Ihnen mit, daß ich gerne bereit bin, den Ehrenschutz über den Opernball 1966 zu übernehmen. Mit den besten Grüßen, Ihr *Jonas*«. Besagter Brief langte, davon zeugt der Eingangsstempel, am 25. Jänner 1966 beim Ministerium ein. Somit hatte die Staatsaktion nicht weniger als elf Tage gedauert – welcher Beweise bedürfte es noch, dass unsere Zeit viel zu schnelllebig geworden ist? (Jetzt durfte ich auch mal ein Wort mit drei »l« zu Papier bringen.)

Doch war es nicht immer der Bundespräsident, der die Ehre des Balls (oder seiner Besucher*innen?) schützte. Beim allerersten Mal, am 26. Jänner 1935, hatte das »Ehrenprotektorat« Bundeskanzler Kurt Schuschnigg inne, der seit einem halben Jahr amtierte. Er war nach der Ermordung von Engelbert Dollfuß angetreten, der trotz des passenden Namens nie dem Tanzfest vorgestanden war.

Eleven, die

Gruppierung von Ballettkindern unbestimmten, aber jedenfalls minderen Alters zur Erbauung des Opernballpublikums, aber auch zur bitteren Erkenntnis, dass man selbst niemals so jung war. Herkunft des Ausdruckes umstritten. Manche Forscher führen »Eleven« auf eine mittelhochdeutsche Verballhornung des Begriffes »Elfen« zurück. Andere meinen, der Wortstamm sei das englische »eleven«, da die Kinder früher zu elft aufgetreten oder sich in Elferschritten fortbewegt haben. Überliefert hat sich das Scherzwort »Drei Corner ein Eleve«. Die Wahrheit ist natürlich, dass es sich um Schüler*innen handelt, und zwar um jene der Ballettschule.

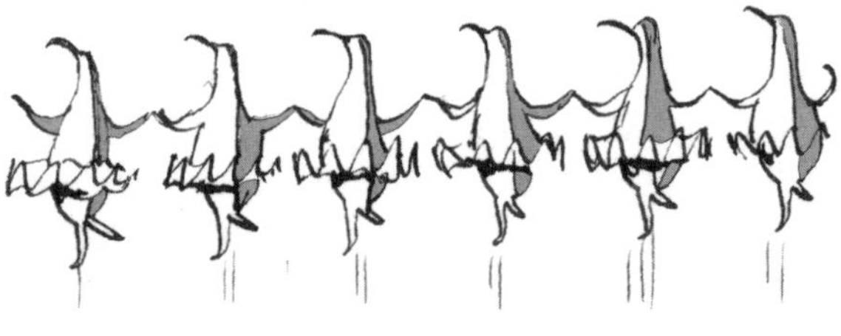

Ausgewählte Eröffnungseleven wurden auch bereits interviewt. Es heißt ja, dass Kinder und Betrunkene immer die Wahrheit sagen. Und da es keine Betrunkenen auf dem Opernball gibt, hielt sich das Reporterteam an die Kinder.

Der Auftritt der Eleven im Rahmen der Eröffnung (**diese**) ist jedenfalls ein sicherer Höhepunkt derselben. Mögen auch Tänzer fallen oder ihre Hosen fallen lassen (**Skandale und Fauxpas**), die Kinderln gehen immer ans Herz.

Ans Herz gingen auch – ohne jegliches Geblödel zu erlauben – die Missstände an der Ballettakademie der Wiener Staatsoper, die 2019 aufgedeckt und seither, hoffentlich zum Besten der Kinder, repariert werden.

Elmayer

Der klingendste Name im österreichischen Tanz- und Benimmsport. Willy (eigentlich Willibald) Elmayer-Vestenbrugg, Sohn eines hohen Offiziers und selbst uniformierter Reiter, war neben Fränzl (**dieser**) der andere fleißige Willy der Ballszene.

In seinen Memoiren *Vom Sattel zum Tanzparkett* beanspruchte er die Idee, »die verschiedenen Ebenen der Staatsoper zu einem einzigen Tanzparkett umzubauen«, für sich. Bereits in den 1920er-Jahren war ihm, so Elmayer, die Aufgabe übertragen worden, den Opernball als großen Staatsball zu gestalten. Ihn störte, dass Bühne und Zuschauerraum nicht nur durch den Orchestergraben getrennt, sondern auch verschieden hoch waren. »Daher mein Vorschlag: Warum nicht ein einziges, überdimensioniertes Tanzparkett schaffen?« Nachdem er mit diesem Plan jahrelang auf Granit beißen musste, gaben die Bundestheater schließlich grünes Licht. »Ich aber konnte mich jetzt so richtig austoben«, so weit die tanzlehrerische Autobiografie. Elmayer hat die Premiere 1935 mitorganisiert und die Eröffnung geleitet. Auch künden die Annalen des Balls der Stadt Wien, dass Elmayer dort 1935 schon das Organisationszepter geschwungen hat.

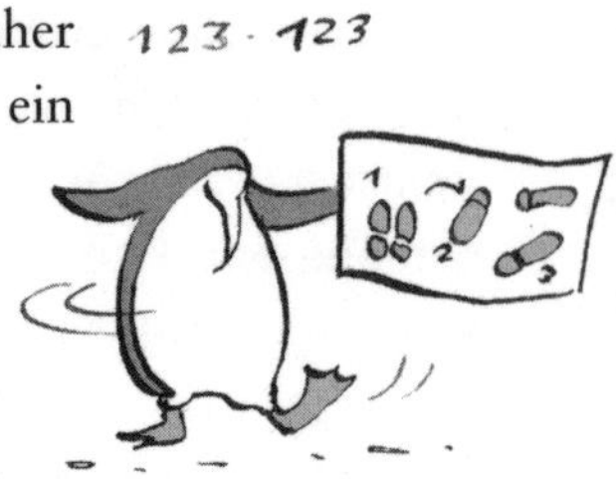

Von 1980 bis 2008 war die Tanzschule Elmayer für die Eröffnung durch das Jugendkomitee verantwortlich, Thomas Schäfer-Elmayer, Hansdampf in allen Ballgassen, sorgte für hochelegante »Alles-Walzer«-Momente. Der Hofburgball »Elmayer-Kränzchen« mit 3000 Gästen beschließt seit 1920 am Faschingsdienstag um Mitternacht die Ballsaison.

Eröffnung, die

Zuvor eine Warnung: Achten Sie bei der Abteilung des Wortes Balleröffnung immer darauf, dass nicht »Baller-öffnung« herauskommt.

Plastisch berichtet die *Neue Freie Presse* über die Eröffnung des letzten Balls im alten freien Österreich. Man spielte »die Bundeshymne als Introduktion« – aber welche? Bis 1938 wurde zur Haydn-Melodie des guten alten Kaiserliedes (das sich ja bereits die Nachbarn für ihre Hymne gekrallt hatten) ein erhebender Text von Ottokar Kernstock geschmettert. Die erste Strophe müssen Sie unbedingt lesen (Sie dürfen auch singen):

»Sei gesegnet ohne Ende,
Heimaterde wunderhold!
Freundlich schmücken dein Gelände
Tannengrün und Ährengold.
Deutsche Arbeit, ernst und ehrlich,
Deutsche Liebe, zart und weich –
Vaterland, wie bist du herrlich,
Gott mit dir, mein Österreich!«

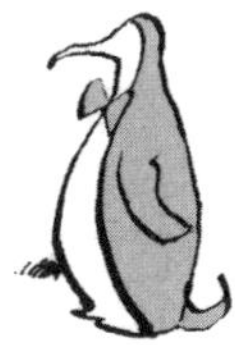

Auf diesen Sing-Along-Genuss folgten »Fanfarenbläser in Rokokoperücken«, die Klänge aus der zu Recht vergessenen Oper *Das Käthchen von Heilbronn* zum Besten gaben. Der männliche Teil des Komitees trug »Alt-Wiener-Tracht, blaue, braune, grüne Seiden- und Stofffracks mit Vatermördern [keine Sorge, das ist eine Kragenform], die Damen sahen in duftig hellen Stilkleidern reizend aus«. Das Staatsopernballett tanzte ein und produzierte sich mit dem Ziehrer-Walzer *Wiener Bürger*. Den Abschluss der Eröffnung (nach feierlicher Entrollung patriotischer rot-weiß-roter Stoffbahnen) machte, wie so oft, der *Donauwalzer*. Aber auch die in die Farben Rot-Weiß-Rot gehüllte Figur der Austria (in der Flagge erschien die erste Solotänzerin Maria Graf) kann das Unheil nicht aufhalten: Zwei

Monate später gibt es Österreich nicht mehr, worauf man sich beim Absingen der deutschtümelnden Hymne in Ruhe vorbereiten konnte …

Und so sah die feierliche Eröffnung vor rund 60 Jahren aus: »Punkt 22.30 gaben Festfanfaren das Signal zum Beginn. Bundespräsident Dr. Adolf Schärf trat auf die Empore. Die Gäste erhoben sich und standen – während das Orchester die Nationalhymne spielte – zwei Minuten still.« (*Bunte Illustrierte München*, 14. März 1962)

Seitdem hat sich einiges geändert. Nicht nur, dass der Bundespräsident nicht mehr Adolf heißt, sondern auch andere Kleinigkeiten. Bei der Bundeshymne wird zwar heute noch gestanden (und halbherzig, weil textarm mitgesungen), allerdings löst das Erscheinen des Staatsoberhauptes nicht mehr den allgemeinen Reflex aus, sich von den Sitzen zu erheben.

Wie läuft die Sache eigentlich alle Jahre ab? Noch vor der offiziellen Eröffnung erscheint der Bundespräsident vor dem Opernhause (Kari träumt davon, einmal zu sagen: »Mr. President ist eingetrudelt«, aber das wird er sich nie trauen), erhält von den Fanfarenbläsern ein Ständchen. Dann schlendert er in den Teesalon (wo er zum ORF-Interview erwartet wird), während die Musikanten die Beine unter den Arm nehmen und ins Haus eilen. Bei der Komiteetreppe vis-à-vis der Mittelloge nehmen sie Aufstellung und blasen, zumeist die Opernballfanfare von Karl Rosner, während UHBP die Mittelloge betritt. Genau damit beginnt die Eröffnung. Auf die Bundeshymne (alles steht, manche singen mit) folgt die Europahymne von einem gewissen Ludwig van Beethoven (manche stehen, niemand singt mit, weil nach »Freude, schöner Götterfunken« eine mindestens so große Textleere klafft wie nach der ersten Bundes-Strophe).

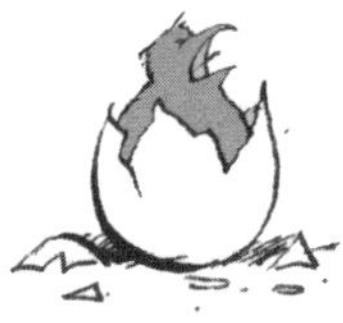

Dann kommen die »Kinder« (wie Kari & Christoph, in Rufweite des Pensionsalters, sie schon nennen dürfen), also rund 150 artig gewandete Debütantenpaare. Dazu spielt das Wiener Opernballorchester (in den letzten Jahren stets unter Leitung von Andreas Spörri) Ziehrers *Fächerpolonaise* oder ein vergleichbares Stück von Chopin oder Tschaikowski.

Wenn der Einzug vollzogen, die Reihen von Tanzlehrer*innen »geglättet« und die wenigen Verletzten und Ohnmächtigen abtransportiert sind, erscheinen nach und nach die stimmgewaltigen Stars der Eröffnung und geben ihre Vokalspenden ab. Auch das Staatsopernballett, das mittlerweile den ostdeutsch anmutenden Namen »Staatsballett« trägt, lässt sich von allen Seiten beschauen. Kari & Christoph, die bei Gesangsnummern eisern schweigen, versuchen bei der Balletteinlage (übrigens auf Wunsch der Veranstalter!) hin und wieder einige Informationen einzuflechten, wofür sie regelmäßig als barbarische Quatscher gescholten werden.

Wenn die Kunst abgeliefert ist, treten die Jungen wieder in die Mitte, setzen ihr Polka-Face auf und geben den Eröffnungstanz, für den sie Applaus erhalten. Am Beispiel 2018: Die Polka *Stürmisch in Lieb und*

Tanz von Johann Strauss Sohn erklang – es wurde aber nicht sehr stürmisch. Roman E. Svabek hat vielmehr eine »Alt-Wiener Schwarz-Weiß-Choreografie« vorbereitet (Farbchoreografien gab's im alten Wien ja noch nicht). Am Ende der entzückenden Tanzerei zückten die Kavaliere ihre Scheckbücher … äh … Stecktücher – und es regnete Blümchen aus diesen!

Schließlich kommt der *Donauwalzer* (**An der schönen blauen Donau**) und der Ruf »Alles Walzer!« (**jener**) – und die Eröffnung, das meistgesehene Segment des Opernballs, ist auch schon wieder vorüber.

Eröffnungschoreografie, die

Da muss man schon wieder unterscheiden. Meint man die Gestaltung der Balletteinlage, dann stößt man auf Namen von Gerlinde Dill über Renato Zanella bis Manuel Legris. 2008 choreografierte Giorgio Madia ein *Fußballballett* zu Musik von Moritz Eggert. Erinnern wir uns, jenes Jahr stand im Zeichen der Kick-EM, die in Österreich ausgetragen wurde, und ein Unentschieden »unserer« Mannschaft (ich glaube, gegen Kroatien) wurde gefeiert wie der Titel selbst. Den holten aber die Italiener, weshalb Madia auch schon 2005 und nochmals 2010 für die Choreografie verantwortlich zeichnete.

Meint man aber das Tänzchen, das die Debütanten wagen, dann sind zunächst die Herrschaften Willy Fränzl (**dieser**) und Klaus Mühlsiegl, einziger Bartträger auf dem Eröffnungsparkett, zu nennen. Während Fränzl und Mühlsiegl die Choreografie beisteuerten, zeichnete die Tanzschule Elmayer (mit den Vertretern Robert Hysek und später Thomas Schäfer-Elmayer) für den Walzer verantwortlich.

Von 2009 bis 2018 hatte Roman E. Svabek von der gleichnamigen Tanzschule als Zeremonienmeister des Opernballs die Gesamtleitung der Eröffnung inne (Kari & Christoph vermuteten Jahr für Jahr, dass die Mittel-Initiale für »Elvis« steht, ohne jemals Beweise dafür zu liefern). 2019 war Tanzlehrer Dominik Truschner für den Einzug des Komitees und den Walzer verantwortlich.

Von 2009 bis 2015 wurde die Choreografie der Eröffnungszeremonie – nicht zur Erbauung von Thomas Schäfer-Elmayer – jedes Jahr an eine Tanzschule aus jeweils einem anderen Bundesland vergeben. Es folgten aufeinander: Graz (2009), Linz und Bad Mitterndorf (2010), Dornbirn (2011), Bruck an der Leitha (2012), Villach (2013), die Tanzschulen Fränzl aus Mödling sowie Eddy Franzen aus Wien 2014 (Kari & Christoph mussten natürlich sagen: »Was Fränzl nicht lernt, das lernt Franzen nimmermehr«) sowie die Tanzschule Luger, Salzburg (2015). Von 2016 bis 2018 waren Elisabeth und Roman Svabek dran, und für die beiden bislang letzten Balljahre, 2019 und 2020, übernahm das zauberhafte (und durch die Kultursendung *Dancing Stars* populäre) Walzerweltmeister-Geschwisterduo Maria und Christoph Santner aus dem gesegneten Oberösterreich. Maria war die erste Frau, die beim

Staatsball die Mitternachtsquadrille ansagte. Sie sprühte vor Ideen und schöner Laune und prononcierte auf gut Welserisch »Debütantna«, sodass es sich auf »Santner« reimte.

Eröffnungskünstler*innen, viele

Während bei den Hofopernsoireen und Opernredouten künstlerische Einlagen gang und gäbe waren, besann man sich in der Nachkriegszeit erst relativ spät (und in äußerst homöopathischen Dosen), dass in der Staatsoper auch gesungen werden könnte.

Karl Hohenlohe hat mir einst eine aufregende Geschichte erzählt: Plácido Domingo war für einen Wiener Opernauftritt engagiert worden; zu spät erkannte man, dass an jenem Abend der Opernball stattfand (war es 1978, anlässlich des Besuchs von König Juan Carlos?). Also beschallte der Star bei vollen Bezügen das Tanzfest mit »Granada« und dirigierte die *Fledermaus*-Ouvertüre. Kari, jüngst dazu befragt, leugnete die Geschichte, ja er hat sogar geleugnet, überhaupt je mit mir gesprochen zu haben ... Wir werden also nie die Wahrheit erfahren, mein fürstlicher Freund wird sie auf den »Kleinen Opernball« (**Alternative Bälle**) und schließlich in sein Ehrengrab mitnehmen.

Dies kündet die offizielle Chronik: 1986 nahm Eva Lind, die »blutjunge Sopranistin aus Tirol«, wie sie im TV angekündigt wurde, auf dem Orchesterbalkon der im Vorjahr neu geschaffenen Bühnenlogen Aufstellung und intonierte den *Frühlingsstimmenwalzer* von Johann Strauss. Darunter drehte sich das Staatsopernballett in einer Choreografie von Gerlinde Dill – es war also gewissermaßen eine Song-and-Dance-Eröffnung. Zwei Jahre zuvor hatte Eva Lind übrigens den Ball als Debütantin miteröffnet. 1989 dirigierte Plácido Domingo das Opernball Orchester bei der Eröffnung, José Carreras sang dazu ein spanisches Volkslied namens »Wien, du Stadt meiner Träume« (der Refrain »Wien, Wien, nur du allein« lädt ein, das Lied auch so zu betiteln, was aber falsch ist; es stammt auch nicht von Robert Stolz, sondern von Rudolf Sieczyński).

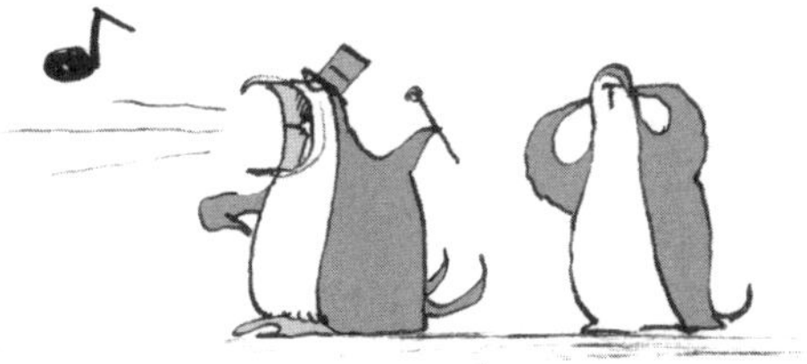

Es folgte ein mehrjähriges vokales Interregnum, bevor die Sopranistin Regina Schörg (1999) und der Bariton Bo Boje Skovhus (2000) eröffnend mitwirkten. Es war vermutlich bei diesem Anlass, als Dieter Chmelar im Interview mit dem Sänger die Mörderwuchtel vom Stapel ließ, die Karl Hohenlohe bis heute gerne zitiert: »Bist g'schwommen, Boje?«

2001 gedachte man des 100. Todestages von Giuseppe Verdi und ließ die Konzertvereinigung Wiener Staatsopernchor den Gefangenenchor aus *Nabucco* intonieren. Chapeau: Geknechtete Israeliten sind genau das, woran man beim Opernball als Erstes denkt!

Auf das Kollektiv folgten wieder Solisten: Angela Denoke (2002), José Cura (2003) und 2004 ein krasnodarisch-ingolstädterischer Doppelschlag: Anna Netrebko verkündete in roter Robe glaubwürdig: »Meine Lippen, sie küssen so heiß« und der Wahlwiener Michael Heltau chansonnierte. Weitere Paarläufe waren 2005 Elīna Garanča und Marcelo Álvarez sowie 2006 die lokale Lösung Adrian Eröd und Ildikó Raimondi. Sie boten anlässlich des Mozartjahres einen Querschnitt durch einige der Meisterwerke. Eröd meinte: »Wozu Salzburg einen ganzen Sommer braucht, das schaffen wir in zehn Minuten.«

Im Jahr darauf war wieder die Netrebko (gemeinsam mit Pferd, Kutsche und Ioan Holender als Kutscher) an der Reihe. 2008 gab sich José Carreras im Spätherbst seiner Karriere nochmals die Ballehre mit zwei neapolitanischen Canzonen, 2009 erfreuten die Sopranistin Tamar Iveri und der Tenor Ramón Vargas. In seinem letzten Direktoren- und Balljahr 2010 brach Ioan Holender alle Rekorde: Nicht weniger als 13 Solistinnen und Solisten traten an: Boaz Daniel, Adrian Eröd, Anita Hartig, Teodora Gheorghiu, Simina Ivan, Nadia Krasteva, Janusz Monarcha, Gergely Németi, Ildikó Raimondi, Alexandra Reinprecht, Michaela Selinger, Alfred Šramek und Marian Talaba – plus der singende Direktor selbst. Der anwesende Dieter Bohlen erteilte Holenders von der *Fledermaus* inspirierten Darbietung Höchstnoten.

2011 spielten erstmals (und fortan) die Wiener Philharmoniker bei der Balleröffnung und Elīna Garanča kehrte zurück, 2012 war es Angela Gheorghiu (mit Georges Prêtre am Pult). Zwei junge Ensemblemitglieder, Valentina Naforniță und Adam Plachetka, dirigiert von dem Altspatzen Peter Schneider, sangen 2013. Das Modell »zwei Hauskräfte plus Gaststar« wurde 2014 (Margarita Gritskova, Anita Hartig plus Michael Schade, Mark Minkowski dirigierte) und 2015 (Olga Bezsmertna, Aida Garifullina, Carlos Álvarez) gepflegt.

2016 sang noch einmal Plácido Domingo, mittlerweile zum Seniorenbariton gereift. Zu »Lippen schweigen« aus Lehárs *Die lustige Witwe,* das er in einer reizenden Mischung aus Deutsch und Spanisch darbot, schob er seine Sangespartnerin Olga Peretyatko bei einem nonchalanten Lamourhatscher übers ansonsten leere Parkett.

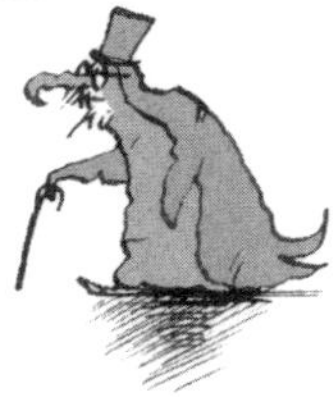

2017 zog nicht nur Jonas Kaufmann (er sang als Hommage an Familie Doll die Blumenarie aus *Carmen*), sondern auch die kurzfristig eingesprungene Dirigent*in* (Opernballrevolution!!) Speranza Scappucci die Blicke auf sich. 2018 versuchte Pavol Breslik sein Ballglück, das Daniela Fally nicht beschieden war: Die österreichische Sopranistin musste wegen einer Erkrankung den Platz für Valentina Naforniță räumen. 2019 folgte Netrebkos Hattrick an der Seite ihres Ehemanns Yusif Eyvazov: »Annas Liebes-Show« titelte eine Zeitung – da haben sich wohl manche viel erwartet, es wurde aber nur gesungen. 2020 schließlich hieß das (nicht verheiratete) Paar Piotr Beczała und Aida Garifullina.

F

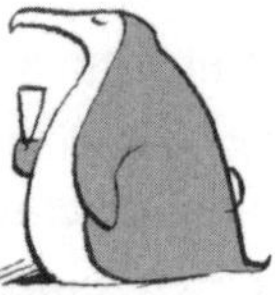

Frack, der

Selbst den haben die Franzosen erfunden, obwohl der Begriff vom englischen »Frock«, der Bezeichnung für ein Kleidungsstück der Unterschichte kommt. Mittlerweile haben sich die Oberschichte sowie ausübende Musiker des komplizierten Mehrteilers bemächtigt. Auf dem Wiener Opernball (ebenso wie bei den Musikvereinsbällen) zwängen sich Herren in einen solchen, außer sie verfügen über eine Ausgehuniform. Auch für die Debütanten besteht der Frackzwang. Am 16. Jänner 1938 erfuhr man aus der *Neuen Freien Presse*, der Opernball sei »eine sehenswerte und lehrreiche Parade des Gutangezogenseins, bei der auch die Herren pflichtbewusst ihre Modeschuldigkeit tun«.

Smoking geht gar nicht, außer für Kellner! Sollten Sie sich unsicher sein, was genau der Unterschied ist, halten Sie sich an die Angelsachsen, die rechtzeitig vor dem Brexit die Kleidungsstücke nach der Mascherlfarbe benannt haben: Smoking heißt »Black Tie«, Frack »White Tie«.

Nicht nur für Damen (**Roben**) waren die Kleidungsvorschriften früher liberaler. Bei den Herren sah man bis in die 1990er-Jahre Kilts, bunte afrikanische Gewänder, Biberstollen (keine Süßspeise für scharfe Zähne, sondern das Ehrenkleid der Montanunion-

Studenten) und allerlei Phantasie-Uniformen. Elisabeth Gürtler griff durch – nicht durch die Kilts, sondern vorschriftsweise zur Vereinheitlichung des männlichen Erscheinungsbildes. 1980 galt die Schauspielerin und Cafétière (so nennt man im Französischen eine Kaffeehaus-Wirtin) Susanne Widl als Sensation: die erste Frau im Frack! Wenn seitdem Damen in einem solchen gesichtet werden, dann nur aus bestimmten Anlässen (**Großbauer, Maria**).

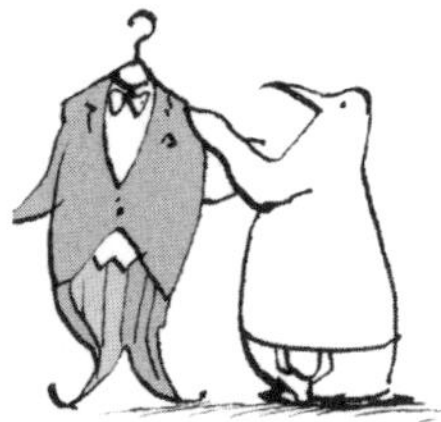

Warum auch die Kammerl-Kommentatoren in teure Fräcke eingekleidet werden, wollte der ehemaligen ORF-Generaldirektorin Monika Lindner nicht einleuchten. Sie äußerte beim lockeren Umtrunk nach dem Ball, dass man Kari & Christoph »ja eh nie sieht«. Darauf konnte ich erwidern: »Frau Generaldirektor, man *hört* den Frack!«

Verpönt ist es, zum Frack eine Armbanduhr zu tragen. Während sich ein Großteil der Weltbevölkerung (ausgenommen einige ahnungslose Opernballbesucher) mit diesem Umstand abgefunden hat, muss Kari regelmäßig gegen das Naturgesetz rebellieren: »Warum?!«, hört man ihn schreien, wenn die Sprache auf das AUV (Armbanduhrverbot) kommt …

Franz Joseph, Kaiser

Das Singspiel *Im weißen Rössl* von Ralph Benatzky und anderen weist einen bemerkenswerten Dialog auf:

Der Kaiser spricht sehr gemessen – er war zum Zeitpunkt der Uraufführung des Kassenschlagers ja auch schon 14 Jahre tot – die Worte: »Ich hab' mir als Bub immer gedacht, weiß Gott, was aus mir werden könnte. Und was bin ich geworden? A Kaiser.«

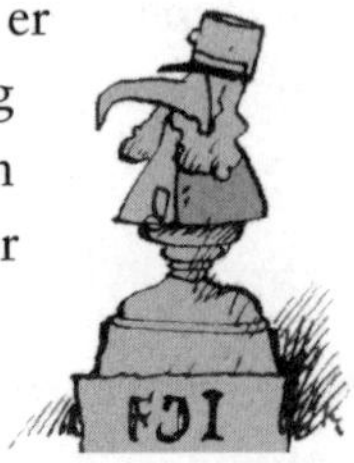

Darauf repliziert die Rössl-Wirtin wahlweise »Da kann man halt nix machen« oder »A net schlecht«.

Man konnte wirklich nichts machen, der Habsburger war ab 1848 Kaiser und blieb es, in guten und in schlechten Tagen, bis zu seinem Tode 1916, der jenem seines Reiches um zwei Jahre voranging. Die kaiserliche Theaterzensur überlebte ihn sogar um vier Jahre! Franz Joseph liebte seine Völker (oder behauptete es zumindest), Ballveranstaltungen aber war er keineswegs zugetan.

Ausnahmsweise ließ er sich beim Ball der Stadt Wien blicken, jene in »seinem« Opernhaus besuchte er jedoch nie. Einmal sah man beim Opernball einen Polizisten mit Backenbart, aber das war nicht dasselbe … Wer also »imperialen Glanz« beim Ball wahrnimmt, empfindet wohl dieselben touristisch ausschlachtbaren Phantomschmerzen, die uns heute noch »Das jüdische Wien« oder »Das Wien Sigmund Freuds« vermarkten lassen.

Dennoch durchrieseln uns wohlige Schauer, wenn wir »Hoffestloge« oder »kaiserlicher Teesalon« sagen; und wirklich, in Letzterem prangt noch das monarchische Logo auf den Wandtapeten: »FJI«, Franz Joseph der Erste – die Tapezierer konnten ja nicht ausschließen, dass noch ein Regent dieses Namens nachfolgt …

Fränzl, Willy

Wilhelm nannte ihn sein Vater, der Friedrich hieß und Solotänzer der Hofoper war, und vererbte dem kleinen und alles andere als faulen Willy den Beruf gleich mit. Auch eine eigene Ballett- und Tanzschule befand sich in der Erbmasse, und schon der Senior hatte sich »als Tanzarrangeur von Wiener Großbällen einen Namen gemacht; er war auch Vorstand des Verbandes österreichischer Tanzmeister«. Willy begann 1904 seine Tanzausbildung an der Hofoper, konnte sich ab 1921 Solotänzer der Staatsoper und ab 1935 deren Ballettmeister nennen. Auch als Choreograf und Lehrer (unter anderen von Michael Birkmeyer und Susanne Kirnbauer) sammelte er Lorbeeren. 1962 trat Fränzl als Ballettmeister in den Ruhestand, war aber weiterhin – wie schon von 1935 bis 1939 (gemeinsam mit seinem älteren Bruder Rudi) und ab 1956 – für die Eröffnung des Wiener Opernballs und vergleichbarer Veranstaltungen verantwortlich. Nach dem Krieg assistierte ihm seine Frau, die Tänzerin Lucie Bräuer, die nach seinem Tode 1982 auch die Tanzschule Fränzl Am Heumarkt übernahm.

Fränzls Ton bei den Komiteeproben war ein durchaus rauer, in viel späteren Jahren reichte Direktor Holender wohl in Schroffheit, nicht aber in choreografischer Inspiration an den Älteren heran.

Frauenbild, das

Es hat sich in den letzten Jahrzehnten Gott sei Dank verändert – beim Opernball ohnehin weniger als außerhalb, aber Sätze, wie sie Gregor von Rezzori 1963 in der deutschen Zeitschrift *Quick* über die Balleröffnung zu Papier brachte, sind heute nicht mehr erträglich: »Ein Walzer für 211 Jungfrauen … Die Oper war erfüllt mit dem berauschendsten Parfüm der Welt: dem Duft blühender Jugend.«

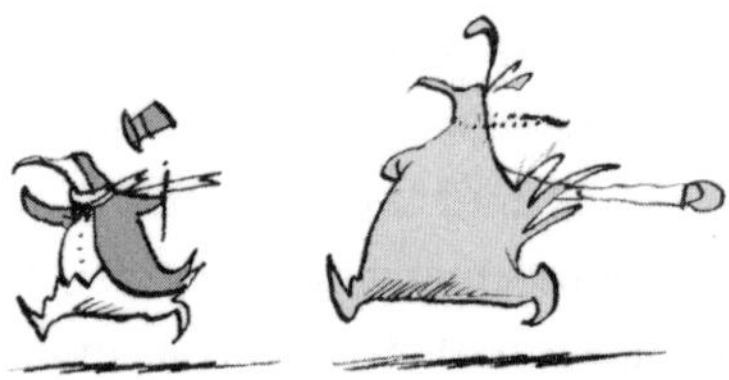

Immerhin mussten wir bis ins Jahr 2020 warten, dass ein Staatsoperndirektor (Monsieur Dominique Meyer) eine Frage thematisierte: »Warum knien die Mädchen vor den jungen Männern?« – und den Knicks zugunsten eines männlichen Kniefalls bei der Eröffnung abschaffte. In demselben Jahr nahm auch ein gleichgeschlechtliches Paar (Opernballrevolution!!) an der Eröffnung teil – zwei junge Frauen, nicht einmal ein Paar, die nach eigener Aussage einfach »voll gerne tanzen«. So soll es sein, der Ball war im 21. Jahrhundert angekommen.

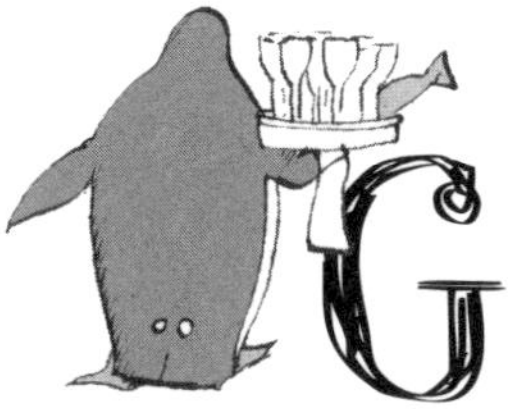

Galerie, die

Schon bei den alten Redouten gab es Galeriesitze für jene, die viel weniger zahlen und sich auch garderobentechnisch nicht so aufzwirbeln konnten und wollten wie die da unten. Dieses Phänomen bestand bis in die 1970er-Jahre. Paul Popp schrieb im *Kurier*: »Von der Galerie ist der Opernball wirklich eine schöne Schau. Die Leute gehen hinauf, weil sie etwas sehen wollen. Und sie erleben das Fest vielleicht um vieles bewußter.«

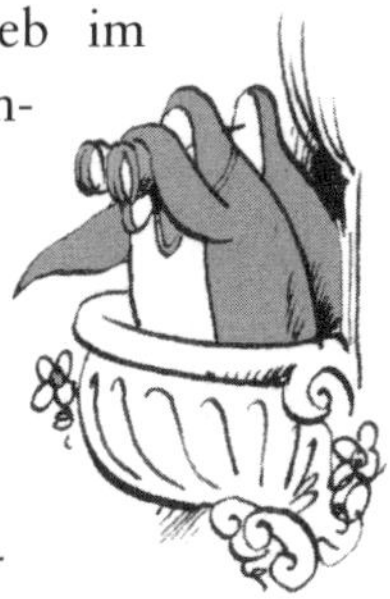

Mit der TV-Übertragung des Balls haben die sogenannten »Zuschauerkarten« ihre Bedeutung verloren. Die Galeriegäste werden heute nicht mehr »separiert«, sie dürfen die luftigen Höhen auch verlassen und den Ballsaal betreten. Wer nur schauen möchte, kann das auch gemütlich im Pyjama zu Hause tun – Motto: Fernseher statt Feldstecher.

Gastronomie, die

Achtung, Exkurs!
»Essen und Trinken hält [sic!] Leib und Seele zusammen«, so spricht der volle Volksmund, und das trifft natürlich auch auf den Opernball zu. Wie konnte es jedoch passieren, dass der für die Füllung von Volksmund und -magen verantwortliche Erwerbszweig »Gastronomie« genannt wird? Übersetzt bedeutet der griechische Fantasiebegriff etwa »Magenkunde« (die ähnlich klingende, tatsächlich existierende Astronomie ist die Sternenkunde). Vollends unverdaulich ist die saloppe Abkürzung »die Gastro«, auch wenn von Ferne die gute alte »Gastwirtschaft« anzuklingen scheint. Im Krisenjahr 2020 wurden coronabedingt nicht nur die Schulen geschlossen, sondern auch ein »Gastro-Gutschein« an die Haushalte versandt. Nun hatte ich es schriftlich.

Aufsehenerregende Zahlen habe ich unter dem Eintrag **Verpflegung** für Sie gesammelt, der nicht an ein Society-Event, sondern ein Feldlager denken lässt – aber das ist meine Rache an der »Gastro«!

Großbauer, Maria

Philharmonikertochter und -gattin, bemutterte den Opernball von 2017 bis 2020, also nur relativ kurz. Anschließend widmete sie sich wieder der Arbeit für den gleichnamigen Bundeskanzler (nur, dass dieser nicht »Relativ«, sondern Sebastian mit Vornamen heißt).

Etwaige Interessen des amtierenden Operndirektors, ihr Mann, der damalige Philharmoniker-Vorstand Andreas Großbauer, könnte Dominique Meyer bei einer Vertragsverlängerung behilflich sein, wurden nachdrücklich ins Reich der Fabel verwiesen – aber ist der Ball nicht eine Märchenwelt für sich?

Als Maria Großbauer 2016 bestellt wurde, streute sie sofort ihrer Vorgängerin Desirée Treichl-Stürgkh (**diese**) Rosen: »Neben vielen Neuerungen hat sie den Opernball insgesamt behutsam modernisiert und ihn vor allem auch für jüngere Generationen geöffnet. Daran kann ich nun wunderbar anschließen.«

Die geborene Niederösterreicherin qualifizierte sich durch ihr Musikertum (sie hat Querflöte, Klavier und Saxophon studiert) und war für mehrere Werbeagenturen tätig gewesen, bevor sie sich 2011 als Werbeunternehmerin selbstständig machte.

Bei ihrem ersten Ball ließ es sich auch der Herr Papa (der Posaunen-Pensionist Karl Jeitler) nicht nehmen, bei den Fanfarenbläsern mitzuwirken.

2019, als das Gebäude am Ring 150. Geburtstag feierte, trat die Gardemusik unter Leitung von Oberst Bernhard Heher an, um den Bundespräsidenten militärisch zu begrüßen (interessant: der Herr vom Heer hieß Heher). Ein Thema erhitzte die Gemüter: ein »Tattoo-Studio« am Opernball, noch dazu im Richard-Wagner-Salon! Es waren aber vorgefertigte Klebe-Tattoos; um es Wienerisch zu formulieren also keine »Peckerln«, sondern »Pickerln«.

La Großbauer wandte sich mit besonderer Sorgfalt

der Verpflegung (**diese**) zu, weshalb Kari & Christoph ihr den Ehrentitel »Maria Culinaria« verliehen (was doch viel eleganter ist als »Gastro-Mitzi«). Sich selbst identifizierte sie in einem Zeitungsinterview mit einem Grundnahrungsmittel: »Wenn Sie ein Lebensmittel wären, welches und warum?« – »Frisches Brot. Es duftet, die Kruste kracht, innen saftig und weich – ein sinnliches Erlebnis.« Das ist mehr, als wir jemals über Maria Großbauer zu erfahren hofften.

Sie beschloss, den Ball mit Opernzitaten zu garnieren, ihr letztes Motto hieß »Königin der Nacht«, was Kari nicht wirklich zuordnen konnte. Zu ihrem Abschied 2020 schlüpfte sie in einen Frack (**dieser**) und griff zu ihrem Hauptinstrument, dem Saxophon. Sie blies den Jazz-Standard »In a Sentimental Mood« von Duke Ellington (wenn Sie mich fragen, ein Plagiat des etwas älteren »Someone to Watch Over Me« von George & Ira Gershwin, aber dieses Thema müssen wir nicht vertiefen).

Gürtler, Elisabeth

Ballmutter der Jahre 2000 bis 2007, und die Erste, die nicht so genannt werden wollte, vielleicht, weil sie auch im wirklichen Leben erfolgreiche Mutter war und ist.

Sie ist eine geborene Mauthner, trägt den Titel Diplomkauf*mann* (weil sie ihn noch vor dessen Genderung erworben hat) und übernahm 1990 das Management der Hotels Sacher in Wien und Salzburg sowie der Sachertorten AG (von deren Existenz ich bis vor Kurzem noch keine Kenntnis hatte). 1994 war sie Business Woman of the Year und schon 1972 (da hat sie wohl die erste Opernball-TV-Übertragung versäumt) Zweitplatzierte bei der österreichischen Staatsmeisterschaft im Dressurreiten.

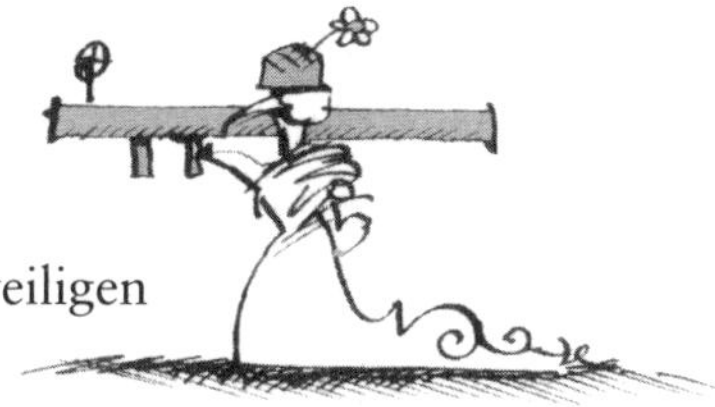

Sie schaffte als erste Tat das alljährlich neue Ballmotto zugunsten einer alljährlich neuen Ballfarbe ab; diese war ihrer jeweiligen Garderobenfarbe angepasst. Die Sacher-Chefin sah auch den im Nachbarhaus angesiedelten Ball von der wirtschaftlichen Seite, was dem amtierenden Direktor Holender durchaus zusagte, und zählte ein Drittel ausländische Gäste, »hauptsächlich aus der Wirtschaft«. Sie hat den Begriff »Wiener Opernball« auch urheberrechtlich schützen lassen und vermarktete Tochter-Bälle unter anderen in New York, Dubai (erstmals 2005), Zagreb, Belgrad und in Kuala Lumpur (2007). Eine finanzielle Königsidee war es, die prestigeträchtigen Parterre- und Ranglogen nur noch an Donatoren der Oper zu vermieten, die (damals!) 36 800 Euro Jahresbeitrag zu berappen hatten.

Elisabeth Gürtlers Debüt im Jahre 2000 stand unter ungünstigen politischen Sternen, wie sie selbst berichtete: »Wir hatten den Plan entwickelt, dass in jedem Jahr Repräsentanten jenes Landes, das gerade den EU-Vorsitz innehat, Ehrengäste auf dem Opernball sind. Also richteten wir […] die gesamte Konzeption auf Portugal aus: Kulinarische Spezialitäten und Wein aus Portugal sollten gereicht werden und alle Orchideen aus Madeira kommen. Wer allerdings nicht kam, war der portugiesische Staatspräsident; denn was wir bei der Planung des Balles nicht wissen konnten: Österreich hatte eine neue Regierung unter Beteiligung der FPÖ bekommen, worauf die Regierungen der 14 anderen EU-Staaten Sanktionen gegen unser Land verhängten – und das unter portugiesischer Ratspräsidentschaft.«

Einer der schönsten Ballmomente gelang ihr 2001: Unter der Leitung von Ballettdirektor Renato Zanella gestalteten Mitglieder des Staatsopernballetts gemeinsam mit Tänzerinnen und Tänzern von »Ich bin O.K.«, dem »Kultur- und Bildungsverein der Menschen mit und ohne Behinderung«, die Eröffnung.

Fast ein Vierteljahrhundert lang bildete Elisabeth Gürtler mit dem österreichischen Schauspieler Helmuth Lohner ein ungleiches Traumpaar; er begleitete sie mehrmals auf den Opernball, dem er wesentlich weniger abgewinnen konnte als der Organisatorin.

Nach ihrer Tätigkeit für den Ball übernahm sie nicht nur das Goldene Ehrenzeichen für Verdienste um das Land Wien, sondern auch ein – neben Torte und Ball – anderes Aushängeschild wienerischer Kultur: die Spanische Hofreitschule.

H

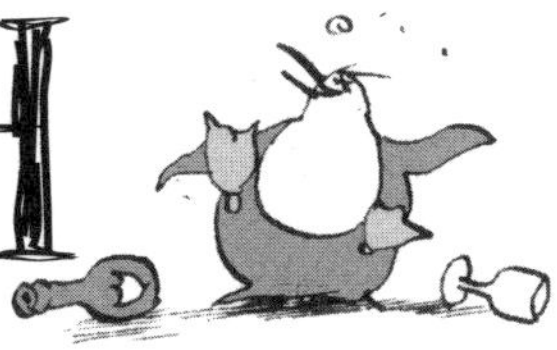

Haider, Alfons

Er ist so dynamisch, schlank und elegant wie je, dennoch kann er als »Urgestein« der Opernball-TV-Übertragung bezeichnet werden. Seit den 1990er-Jahren betreute er (mit einer kurzen Unterbrechung) bislang insgesamt 24-mal das Event weitgehend pannenfrei. Die wenigen Pannen, die doch passieren, nimmt er sich wesentlich mehr zu Herzen als sein Publikum. Zwei davon möchte ich herausgreifen – obwohl sie eigentlich in die Rubrik **Hoppala** gehören:

Alfons hatte die Aufgabe, DJ Ötzi zu verhören. Der kernige Musiker aus Tirol gebrauchte in einer seiner Antworten den Begriff »Orschkchortn«. Es ist die Krux von Interviewern an lauten Orten (und der tosende Ball ist ein solcher), dass sie ihr eigenes Wort nicht verstehen, noch viel weniger das des Gegenübers. Sie halten diesem ein Mikrofon vor den Mund, das dem Fernsehpublikum einen tadellosen akustischen Eindruck des Gesagten gibt, nicht aber ihnen selbst. Alfons fragte also nach, und Gerry Friedle wiederholte in ge-

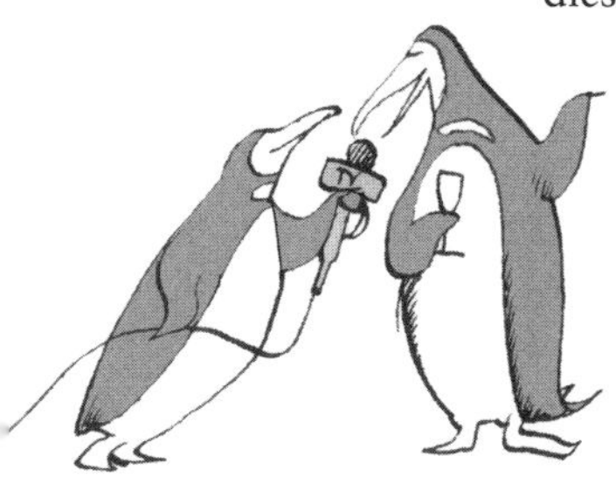

nüsslichem Hochdeutsch: »Arsch-Karte.« Nun hatten es alle verstanden und Alfons schämte sich ein wenig.

Beim Opernball 2020 interviewte Alfons Hanni Vanicek (Vani Hannicek ist falsch), die Geschäftsführerin des jubilierenden Wiener Textil-Traditionshauses »Zur Schwäbischen Jungfrau« (»300 Jahre Jungfrau, das muss gefeiert werden«, meinten Kari & Christoph). Ein rasch hingeworfener Satz der Dame wirkte auf Alfons verwirrend, und er meinte: »Jetzt haben Sie mich am falschen Ufer erwischt.« Zu spät realisierte er, was ihm da entkommen war, und versuchte in seinem nächsten Interview, den Schnitzer therapeutisch aufzuarbeiten. Er beichtete der Komödiantin Maria Happel, die schlagfertig feststellte: »Das wird dann wohl in die Genitalien eingehen.« Schlimmer konnte es nicht werden, und damit war Alfons gerettet.

P. S.: Zum gleichnamigen verunfallten Landeshauptmann mit Vornamen Jörg fällt mir nichts ein. Er war bei einem Opernball mal für längere Zeit im Bild, aber Kari & Christoph haben ihn zu spät erkannt, um ihn zu benennen. In der gleichnamigen Sendung (*Zeit im Bild*) hat man ihn dann wieder identifiziert.

Hashtag

Das ist die Kraxe, die auf der Handy-Tastatur rechts unten zu finden ist und eine zentrale Bedeutung im Austausch von digitalen Nachrichten genießt. Bitte fragen Sie nicht weiter, ich bin kein soziales Medium und kann die Sache nicht besser erklären.

Seit einigen Jahren wird das TV-Publikum aufgefordert, unter *#opernball* Bilder zu »posten«, und es kommt dieser Aufforderung scharenweise nach. Ich prägte dazu einen unserer Standardsprüche, der alljährlich fallen muss, und zwar mit leicht ungarischer Färbung: »Kein Essen ohne Bä-steck, kein Opernball ohne Hashtag.«

Kennen Sie Karis & Christophs andere beiden Standardsprüche? Sie passen zwar nicht zum Thema »Hashtag«, aber wenn ich schon dabei bin, möchte ich sie loswerden. Wenn sich die hereinziehende Gruppe der Debütanten in der Mitte teilt und die jungen Damen und Herren nach links und rechts auseinanderfluten wie weiland das Rote Meer unter dem seligen Moses, sage ich Jahr für Jahr: »Hier gilt die Rettungsgasse.« Und wenn, zaghaft, aber unaufhaltsam, der *Donauwalzer* anhebt, der den Eröffnungstanz des Komitees begleitet, muss ein weiterer Klassiker geliefert werden (**An der schönen blauen Donau**).

Heuriger, der

Schon die ersten Opernbälle in den 1930er-Jahren erfreuten mit einem Heurigen im zweiten Untergeschoß in Räumen, die »ansonsten der Tischlerei vorbehalten« waren (*Neue Freie Presse*). Nach dem Krieg gab es ihn weiter, irgendwann mal nicht und dann tauchte er wieder in den Orchestergarderoben auf. Zu erwähnen ist, dass im veltlinergesättigten Untergeschoß regelmäßig die »Drei Lauser« auftreten (2015 zum

30. Mal), von Kari & Christoph glühend verehrte Vorbilder in Sangesfreude und Humor. Wir haben deshalb versucht, uns die »Zwei Läuse« zu nennen, aber der Begriff war schon geschützt.

Der Musiker Hans Faltl jr. war Augenzeuge des frühen Heurigengeschehens, wobei in seiner Erinnerung die Trinkstube tiefer gesunken ist als möglich (fünf Untergeschoße hat das Haus am Ring gar nicht): »Beim Heurigen in der 5. Etage – aber nach unten – sind die Ballbesucher oft bis 7 Uhr früh geblieben. Sie mußten dann, weil sie ja nicht mehr gehfähig waren, mit dem Bühnenlift an die frische Luft geführt werden.« (auch: **Rausch(en)**)

Hofopernsoiree

»Der Saal war der schönste, reichste und glänzendste, in dem je ein Ball stattgehabt. […] Von der Musik sei gesagt, dass das Repertoire acht Pièecen von Strauss unter dessen persönlicher Leitung enthielt. […] Die beste Leistung der gestrigen Ballnacht war *An der schönen blauen Donau*. Strauss, der schon bei seinem Erscheinen mit donnerndem Beifalls- und Jubelgeschrei empfangen worden war, wurde nach Beendigung des vortrefflich gespielten Walzers mit so stürmischem Applaus überschüttet, dass er das Stück wiederholen musste …«

Das war, verzeihen Sie die Falle, eine Schilderung des ersten Pariser Opernballs am 13. Jänner 1877. Er zeigt nicht nur, dass Johann Strauss Sohn internationalen Starruhm genoss, sondern auch, dass wir Wiener den Parisern nahezu alles abgekupfert haben. Ziemlich genau elf Monate später, am 11. Dezember, trauten nämlich auch wir uns zur ersten Hofopernsoiree.

Marcel Prawy (**dieser**) beschrieb dieses Ereignis so: »Die Bühne war zu einem Prunksaal umgezaubert worden, mit Fächerpalmen aus Asien und sonnverbrannten Bananen (sie stammten angeblich aus der Requisitenkammer der *Afrikanerin* [eine Oper von Giacomo Meyerbeer] und der *Königin von Saba* [eine solche von Carl Goldmark]). [...] Es gab ein reiches künstlerisches Programm. Viel diskutiert wurde das ›Distanzdirigieren‹ von Hofopern-Kapellmeister Wilhelm Gericke, der wie der fliegende Holländer aussah und mit dämonischen Gesten das Orchester zu Füßen der Treppe beschwor – während ein gemischter Chor mit Amalie Materna und Marie Wilt als Solistinnen auf der vierten Galerie Pièçen des Ballettdirigenten Franz Doppler sang.«

Zum Verständnis: Der fliegende Holländer ist eine Operngestalt von Richard Wagner (aber das haben Sie gewusst) und die beiden genannten Damen waren Mitglieder des Hofopernensembles. Marie Wilt zählte zu den etwas voluminöseren Diven, weshalb das Witzwort von der »Reise um die Wilt in 80 Tagen« kursierte. Damals war »body shaming« wie so vieles Garstige noch erlaubt ...

Abgesehen von der Anwesenheit zahlreicher Erzherzöge und -zoginnen war ein Hauptunterschied zu heutigen Bällen eben das »reiche künstlerische Programm«, das sich von 22 Uhr bis gegen Mitternacht ausdehnte (während heutige Ballgäste schon nach zweieinhalb Darbietungen genug von der Kunst zu haben scheinen). In diesem Rahmen dirigierte auch Johann Strauss (natürlich eigene) Walzer, während das Publikum lauschte und frenetisch applaudierte – aber noch nicht tanzte. Die Bestuhlung (ein hässliches Wort, das ich nur ausnahmsweise benutze) wurde erst um Mitternacht weggeräumt, als der jüngere Strauss-Bruder Eduard den Taktstock übernahm und mit der Strauss-Kapelle erstmals seine *Opern-Soirée-Polka* aufführte – da wurde endlich getanzt. Der Programmzettel zur zweiten Hofopernsoiree am 15. Jänner 1878 trug bereits den vorgreifenden Untertitel »(Ball.)«.

Hohenlohe, Karl ☞ Wagner-Trenkwitz

Eigentlich sollte hier ja nicht mehr stehen als der Verweis auf mich (und wenn Sie vorblättern, finden Sie bei mir einen Verweis auf ihn), aber Kari hat in dem von Ulrike Messer-Krol herausgegebenen Ballbuch Grundkomisches geäußert, wovon ich ein paar Sätze fladere.

Zum Thema Anmeldung: »Wäre ich an der Spitze der Organisation und somit höchste Instanz in Auswahlfragen, nur handgeschriebene, auf Büttenpapier zutiefst devot gehaltene Gnadengesuche würden mein Herz erweichen.«

Müssen sich Debütantenpaare gut verstehen? »Abgesehen von der Tochter des Bundespräsidenten Rudolf Kirchschläger, die das einzig Richtige getan und in einer dramatischen Flucht nach vorn den ihr zugeteilten Tanzpartner nach der Eröffnung geheiratet hat, sind vielfach gegenteilige Erfahrungen bekannt.«

Und das kann beim Vortanzen passieren: »So gibt es anstatt Linkswalzer alle möglichen Variationen zwischen Kasatschok, Csárdás und Sirtaki, die von den Vorführenden eisern als Linkswalzer proklamiert werden und unumstößlich zum Scheitern verurteilt sind. Hart und nicht ungerecht, so lautet – und hat auch zu lauten! – das Credo der Opernballchefin, die dieses Vortanzen mit geübtem Auge überwacht.«

Holender ☞ Ioan

Hoppala, das

Zuerst eine sprachliche Klärung: Ist Hoppala die richtige Schreibweise, oder buchstabiert sich der Begriff neuerdings »Hopperla«? Ich bleibe beim -a-, das verleiht dem Ausdruck für peinliche Ausrutscher noch mehr Rutschigkeit. Unbedingt unterschieden werden muss das nette, amüsante Hoppala von seinen beiden größeren Brüdern, den Skandalen und Fauxpas (☞ **diese**).

Hoppalas gibt's allerorten – und insbesondere ballerorten. Doch welcher Society-Hahn kräht nach einem Busenblitzer beim Kaffeesiederball oder einer Interviewpanne bei den Zuckerbäckern? Passiert aber beim Tanzfest in der Staatsoper ein Lapsus, wird dieser von allen gesehen und mitleidlos immer wieder ausgestrahlt – bis man den Eindruck erhält, der Opernball sei eine einzige Parade von Peinlichkeiten.

»(Was) Gab es (für) Hoppalas?« ist eine der meistgestellten Fragen, denen sich Kari und Christoph in den raren mit ihnen geführten Interviews gegenübersehen. Nun, »Hoppala« ist gewissermaßen der zweite Vorname des Opernballs; es ist gewiss nicht einfach, den Gehalt an peinlichen Pannen eines Ereignisses zu bestimmen, das dadurch charakterisiert wird, dass der Bundespräsident bei einer Türe hinausgeht und eine Pornodiva zur anderen Türe hereinkommt. Einige Höhepunkte aus der jahrzehntelangen Hoppala-Produktion seien zusammengestellt.

Ein wenig Selbstkritik: Bundespräsident Heinz Fischer trat einst ins TV-Bild und ich meinte: »Hier ist *Helmut* Fischer.« Sofort schoss mir ein, dass der immer noch beliebte, aber 1997 leider verstorbene bayerische TV-Beau überhaupt nichts mit diesem Moment zu tun hatte, aber es war, wie bei Live-Übertragungen üblich, zu spät. Unser unvergessener Lieblingsoperndirektor Ioan Holender hat auch für diesen Umstand eine treffende Formulierung gefunden: »Ist der Furz einmal aus der Hose, lässt er sich nicht zurückholen.« Kari jubilierte und behauptete fortan abwechselnd, ich hätte »Ottfried« oder gar »O. W.« Fischer gesagt. Solange UHBP Heinz amtierte, verging kein Ball, bei dem ich den Lapsus nicht von ihm serviert bekommen habe.

Meine Kapitalbretzen Nr. 2: Das Opernhaus am Ring war fürsorglich mit Milliarden von Nelken ge-

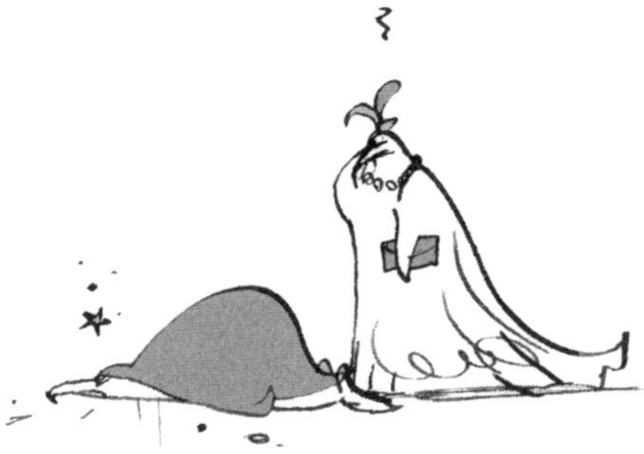

schmückt worden (ok, es waren nur 80 000) und mir entkam das Wort »Tulpen«. Grund für den unverzeihlichen Fehler: Meine Monologe über die Ballflora werden von uns intern »Tulpenreferat« genannt, diesen Begriff schrieb ich ganz oben groß auf den entsprechenden Zettel ... schon war es geschehen. Ein Aufschrei ging durch die Alpenrepublik, von dem mir noch lange die Trommelfelle surrten. Verständlich: Würden Sie einem Mann vertrauen, der Rosen, Tulpen, Nelken nicht auseinanderhalten kann? Wer nie gefehlt hat, der werfe die erste Primel!

Als ich zu Protokoll gab, dass der Designer Harald Glöööckler (oder ist da ein ö zu viel?) »mit Straps-Steinchen« im Gesicht erschienen war, handelte es sich um ein bescheidenes Hoppala. Nur der guten Ordnung halber: Es waren natürlich Strass-Steine (alias Diamant-Wimmerln), die seine edlen Züge zierten.

Aber so leicht wollen wir den Karl nicht davonkommen lassen. Er hat sich nämlich auch das eine oder andere Hoppala geleistet. In besonderer Dichte traten sie bei ihm auf, als seine erstgeborene Tochter den Ball eröffnete. Wild wirbelte es in seinem Kopf die Generationen durcheinander. Als die von unverändert blühender Schönheit gesegnete Ulla Weigerstorfer ins Bild glitt, äußerte ich wahrheitsgemäß: »Das ist die ehemalige Miss World.« Kari erwiderte trotzig: »Das war lange vor unserer Zeit.« Und als die Kamera auf die ebenfalls kaum verbrauchte Ex-Gattin des Rolling-Stones-Chefs traf, behauptete mein Kompagnon: »Das ist Bianca Jagger, Mick Jaggers Mutter.«

Die ehrenwerte Tageszeitung *Der Standard* machte 2014 einen Kammerl-Sager zur Schlagzeile ihrer TV-Kritik, nämlich »Walross im Opiumrausch«: »Auf die zwei ist Verlass: Als Christoph Wagner-Trenkwitz und Karl Hohenlohe in ihrem Kabäuschen das Ballplakat präsentierten, auf dem Krakenartiges herumschwirrte, setzten sie zu kühner Deutung an. Es sei dies ›ein flüssiger Ziegelstein‹ oder ›ein Walross im Opiumrausch‹. Mirjam Weichselbraun vernahm die edle Frechheit, gab sie verkürzt weiter an den gekränkten Künstler Mario Dalpra, der prompt jenen kennenlernen wollte, der sein Opus einer Robbenart zuordnet. Hier bahnte sich also ein kurzweiliger Disput an, der jedoch nicht explodierte.« Ich möchte hinzufügen, dass ich mich 2020 mit Mario Dalpra bei einer Vernissage in Salzburg nachhaltig versöhnte und direkt gerührt war, dass eine seiner rezenten Arbeiten den von mir inspirierten Titel »inflated figure in opium rush« trug!

Aber nicht nur Kommentatoren, auch Moderatorinnen und Moderatoren tragen das Ihre dazu bei, dass sich Gänsehäute über am besten nie Gesagtes einstellen. **Interview**.

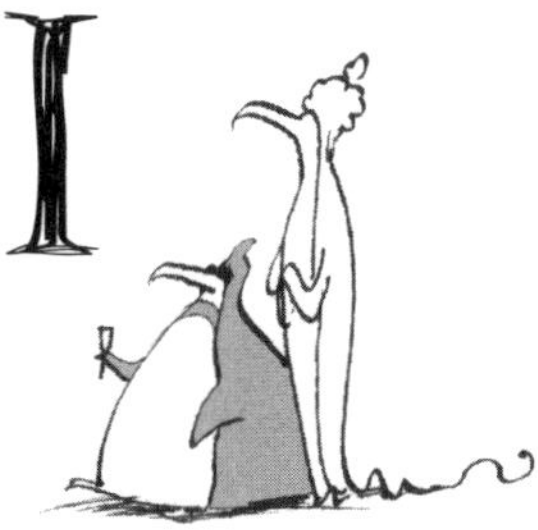

Interview, das

Laut Duden eine »zu Zwecken der Anamnese und Diagnose durchgeführte methodische Befragung des Patienten«. Aber auch unverzichtbarer Bestandteil der Opernball-Übertragung, wobei die Interviewer des Lippenlesens kundig sein sollten. Die klugen oder blöden, witzigen oder austauschbaren Repliken der Interviewgäste hört wegen des Geräuschpegels im Saal meist nur das Fernsehpublikum, zum Beispiel:

»Hier ließen sich einige Studien anstellen, vor allem, was den Alkohol betrifft.« (Hans Peter Heinzl) – »Man blickt in die Menge und übt sich in Toleranz.« (Karlheinz Hackl) – »Ich kann mir nicht helfen – wenn ich da runterschau, denk ich nur an Karl Kraus, *Die letzten Tage der Menschheit.*« (Helmuth Lohner – pikanterweise stand seine Lebensgefährtin, Ballorganisatorin Elisabeth Gürtler, neben ihm und verbat dem Schauspieler alsbald das Wort.) – »Isch verstehe nischt.« (Pierre Brice, ehemaliger Winnetou-Darsteller, auf die wahrlich schwer zu enträtselnden Fragen von Nora Frey, ob er auf dem Weg hierher »den Anfechtungen einer schönen Squaw erlegen« sei.) – »It reminds me of China: so many people!« (Lang Lang, telegener Tastentiger)

Eva Maria Klinger mutete der Schauspielergattin Simone Jürgens die Frage zu, ob sie das Kleid einer »Vorgängerin« trüge. Curd schwieg dazu, versuchte später, das Interview mit einem Kompliment an Frau Klinger zu retten, das diese aber mitleidlos abschmetterte: »Gut, dass Sie keine Brille aufhaben.«

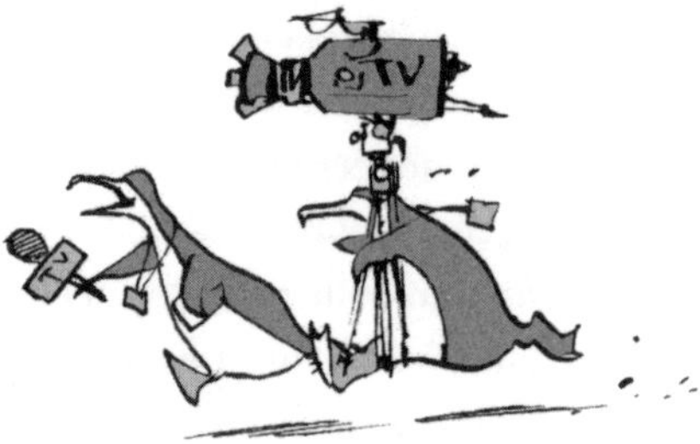

Dieter Chmelar, überdurchschnittlich humorbegabter Zeitgenosse, zog aus seinen Moderationserfahrungen die Lehre, man dürfe »äußerstenfalls drei Fragen stellen (um die Nacht zu überleben), und zwar in genau dieser Reihenfolge: 1. Ist das Ihr erster Opernball? 2. Gell, das gibt's sonst nirgendwo? 3. Werden Sie heute noch tanzen? Ab der vierten (davon abweichenden) Frage gilt man als ›Risikofaktor‹, ab der fünften als ›Nestbeschmutzer‹, danach nur noch als ›Todeskandidat‹.«

Ioan oder Joan Holender

Der ehemalige Staatsoperndirektor (Ioan stimmt) erblickte 1935 das Licht der Welt, da hatte der erste so genannte Opernball schon stattgefunden. Aber obwohl sie Jahrgangskollegen sind, konnten sie sich nie miteinander anfreunden.

Als längstdienender Direktor (1992–2010) hat er auch die meisten Opernbälle auf dem Buckel. Im ersten Drittel seiner Amtszeit verbrachte er die Ballwoche zumeist auf den Skipisten um Lech. Seit 1999 speist der Ball das Budget der Staatsoper. Vitales, weil finanzielles Interesse erwachte. Holender engagierte Elisabeth Gürtler (**diese**), der Ball wurde umgestaltet – so weit das möglich ist. Künstler des Hauses marschierten ab 2000 zur Eröffnung ein und standen auch sonst im Mittelpunkt (zumindest der Aufmerksamkeit von Direktor Holender).

Die Ballgeneralproben beehrte der gestrenge Direktor mit ebenso lautstarken wie mürrischen Regieanweisungen und segnete die Eröffnung mit dem Engagement herausragender Künstlerinnen und Künstler. Auf den Kutschbock schwang sich Holender, um Anna Netrebko 2007 das rechte Entrée zu verschaffen. Die Aufmerksamkeit der Massen musste sich der Herr Direktor hierbei nicht nur mit der russischen Diva teilen, sondern auch mit dem Kutschenpferd: Es waren Wetten abgeschlossen worden, ob das brave Tier im Moment der weltweiten Beachtung womöglich seiner Verdauung freien Lauf lassen würde … wer auf ein Malheur gewettet hatte, verlor.

Seinen letzten Ball anno 2010 feierte Holender, ehemaliger Opernbariton, mit einer Gesangseinlage: Er drehte sich inmitten der Tanzfläche zu Klängen aus der *Fledermaus* und intonierte allseits hörbar einen selbst verfassten Text zu dem Rundgesang »Im Feuerstrom der Reben«. Er lautete in etwa: »Ich freu mich auf's neue Leben, tra-la-lalala-la-la, muss nie mehr auf Bälle gehen, tra-la-lalala-la-la-ha. Ich danke Ihnen herzlich für's zahlreiche Erscheinen, jetzt trinke ich Champagner aus Gläsern mit den Meinen!« (Einige Ohrenzeugen könnten beschwören, »aus Gläsern mit den Beinen« vernommen zu haben, was natürlich auch Sinn ergäbe: Champagnergläser haben ja tatsächlich Beine.)

Sangesfreude hin oder her, im Abschiedsjahr 2010 konnte der ORF melden: »… wenig Begeisterung für den Opernball zeigt auch Noch-Staatsoperndirektor Ioan Holender. Er sprach sich für eine Abschaffung des Opernballs aus.«

Knapp nach seinem Vertragsende an der Staatsoper wurden Kari & Christoph gefragt, ob sie Holender vermissen. Wir verneinten und fügten hinzu: »… denn wir haben an ihn Erinnerungen für ein ganzes Leben!« Und das gilt wohl für jeden und jede, die mit ihm zusammengearbeitet haben. Was ich ihm ebenfalls nicht vergesse ist, dass er mich 2001 ins Übertragungsteam des ORF pflanzte; vielleicht hat er es seither bereut, aber ich werde es ihm immer danken.

Wenn Ioan Holender auch scherzhaft geäußert hatte, er könne sich schon vorstellen, den Opernball als gut bezahlter Lugner-Gast wieder zu besuchen, ward er doch auf dem Event seither niemals mehr gesichtet.

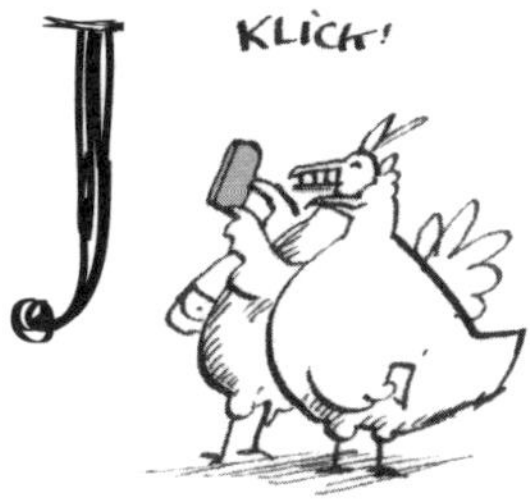

Jeannée, Michael

Österreichischer Gesellschaftsreporter, der so regelmäßig wie unaufgefordert Post von sich selbst versendet, in der er allen möglichen Adressaten da draußen in subjektivster Weise die Wadeln firerichtet. Die Wochenzeitschrift *Falter* hat dem Wutschreiber für diese und andere Äußerungen den Ehrentitel »Schleimrevolver« verliehen. Der Opernball fasziniert Jeannée so sehr, dass er alle Jahre in mindestens ein bis zwei Dankschreiben deponiert, wie schrecklich er die Übertragung findet. Einmal eröffnete er sein Brieflein mit einem Aufschrei der Hilflosigkeit: »Dies ist ein Protestbrief gegen Ihre Opernball-Übertragung im Duett. Ich meine, wie kommt man dazu? Da hat man es sich vor der Glotze bequem gemacht, freut sich auf einen informativen Abend – und dann das!« Wir könnten gegenfragen: »Was?«, aber das hieße, die Verletzlichkeit des Glotzensitzers und sein rührendes Missverständnis, beim Opernball handle es sich um ein Informationsprogramm (in Wahrheit ressortiert er zur Unterhaltungsabteilung) nicht ernst zu nehmen.

So treue Fans zu haben, bewegt jedenfalls. Mir richtete Herr Jeannée einmal postalisch aus, dass ihm mein »Opernball-Genuschel seit Jahren den Nerv zieht und den obligaten TV-Abend vermiest. In erster Linie wegen Ihrer mühsam angelernten Aristo-Näselei, die mit der angeborenen Ihres blaublütigen Co-Moderators Hohenlohe nicht zu vergleichen ist.« Mir fällt dazu ein Wiener Sinnspruch von ewigem Wahrheitsgehalt ein: »A foisches Gebiss in an Wosserglasl is mit an Goidfisch net zum Vergleichn.« Kari wäre in diesem Falle der Goldfisch, und das ist doch gut getroffen!

Meine mitleidlosen Recherchen haben ergeben, dass der 27-jährige Jungspund bereits 1970, im Jahr vor seinem Gang zur *Kronen-Zeitung*, eine Reportage über den Opernball verfertigt hat. Erschienen ist sie im *Express*, und Jeannée (der sich hier in der dritten Person ansprach) bekannte, bei dem Ballfest »eine Lektion« erhalten zu haben, »die er so schnell nicht vergessen wird: Jeannée wurde zum Patrioten. Zu einem reaktionären zwar, aber – immerhin ...« Ich finde ja, reaktionär sein ist immer hin, aber sei's drum.

Nebenbei bemerkt wurde Michael Jeannée in Olmütz geboren, was ihn mir noch einmal so sympathisch macht, weil es mich an den Reim erinnert: »Mein Onkel aus Olmütz tragt immer a Wollmütz'.«

K

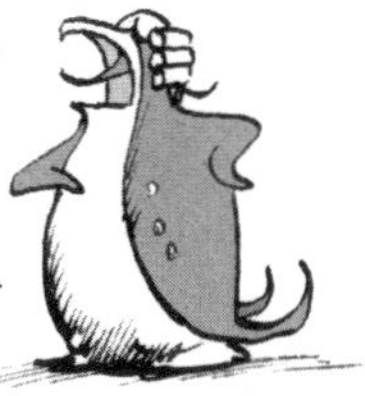

Kammerl

Es gibt mythische Räume, wie den Olymp oder den deutschen Wald, deren bloße Erwähnung edlen Ernst auf unsere Züge zaubert. Zu ihnen gehört auch Karis & Christophs »Kammerl«. (Man darf auch Kabäuschen oder Kabuff sagen, letzterer Begriff klingt bei unsauberer Aussprache aber wie »ka Puff«, was das Kammerl ja eh nicht ist, aber man soll die Leute nicht auf Ideen bringen!)

Es wird abwechselnd dicht unter dem Dach oder tief im dritten Keller der Staatsoper vermutet, manche sehen uns auch »in einer Loge«. Hermes Phettberg lokalisierte uns in einer seiner *Falter*-Predigten »am Dach« (dazu unbedingt den Eintrag **Am!**) des Hauses am [sic!] Ring. Die Wahrheit ist, dass wir unsere Kommentatorentätigkeit von 2001 bis 2017 im »alten Dirigentenzimmer« verrichteten, das durch eine unscheinbare Tapetentüre beim linken Parterrelogengang mit dem Hause verbunden ist. Diese Türe liegt direkt hinter der Proszeniumsloge und vibrierte Jahr für Jahr nach der Eröffnung unter heftigem Klopfen. Die Klopfer waren hauptsächlich dem Nikotin zugetane Vertreter der Schauspielergilde (unter ihnen Helmuth Lohner und Herbert Föttinger), die wussten, dass dieses Kammerl ein exterritoriales Tschicker-Paradies war.

Der Begriff »Kammerl« lässt an Besen, alte Wurstwaren und Wegsperrung wegen Ungehorsams denken (die Haushaltshilfe meiner Eltern, eine Frau Kuhla, drohte mir kindlichem Rabauken regelmäßig, mich ins »Speckkammerl« zu sperren, aber das wirklich nur nebenbei). Für Kari & Christoph war es ein enges Reich, in dem ihre Fantasie die Schwingen weit aufspannte. Wenig Luft, aber viel Liebe (natürlich niemals körperliche), so könnte man den Zauber der Klause subsumieren. Der einmal von uns geprägte Begriff »k. u. k. Kommentatoren-Kammerl« verlieh dem Unort imperiale Würde. Würdelos hingegen ein Zwischenfall, der Kari über Jahre im Wachen und im Traum beschäftigte: Der Manager der Moderatorin Arabella Kiesbauer hielt unser Kammerl für ein Abstell-solches und deponierte einen halb geleerten Spaghetti-Teller auf unserem Arbeitstisch …

Noch ein Paar Kammerl-Synonyme gefällig, die sich über die Jahre angesammelt haben? »In diesem schmucklosen Kaninchengehege dürfen wir Sie durch die prächtigste Nacht des Jahres begleiten. Aber als alte Hasen haben wir kein Problem damit. Dann hoppeln wir einmal los …« – »Unsere geschützte Werkstätte« – »Prachtvolle Festzelle« – »Wie Raubvögel im unterirdischen Adlerhorst werden wir das Ballgeschehen für Sie im Auge behalten.«

2018: Eine Zeitenwende. Die Räumlichkeit, die uns einmal im Jahr zur Heimat geworden war, wurde im Zuge der Umgestaltung des Balls durch Maria Großbauer anderweitig vergeben. Man verpflanzte uns fortan in einen Container, der auf der Operngassen-Seite neben dem Gebäude errichtet wurde. Ich erfand sofort einen poetischen Ausdruck für das Refugium (»Container« lässt ja doch eher an Müll denken): »Pavillon«. In einer feierlichen Taufansprache gegenüber Barbara Rett (die mir prompt hereinfiel) erklärte ich den Namen: »In diesem Raum zünden wir Pointen, die so leicht und schwerelos sind wie der geflügelte Schmetterling, der auf Französisch bekanntlich auch ›Pavillon‹ heißt.« Barbara flüsterte mit sorgenvoller Miene: »Aber Christoph, du weißt schon, dass Schmetterling ›Papillon‹ heißt?« Kari reagierte entspannter: »Pavian heißt Schmetterling?«

Lustig ist das Containerleben, dachten Kari & Christoph und nahmen es gelassen, doch einige Fans bestellten uns schriftlich ihr Mitgefühl: Wie denn die neue Organisatorin so grausam sein konnte, uns auszuwagonieren? Eine Panne, die mit dem Umzug verbunden war, konnte allerdings niemand vorhersehen: Als wir uns, hoch konzentriert plaudernd, der Balleröffnung 2018 zuwandten, ertönte plötzlich und dauerhaft eine Alarmsirene. Ein Reisebüro auf der gegenüberliegenden Seite der Operngasse rief um Hilfe vor einem vermeintlichen Einbrecher, das Geschrille ließ sich gut eine halbe Stunde nicht abstellen. Dass etwas später ein Glasmüll-Entsorgungs-LKW seine ohrenbetäubend klirrende Tätigkeit aufnahm (er leerte Gott sei Dank nur die anderen Container, nicht den unseren!), war schon gar nicht mehr der Rede wert. Aber durch unsere Mikrofone wurde der Krawall in der Operngasse mit der Welt geteilt; und so hat das wirkliche, lärmende Leben in die Opernball-Übertragung Eingang gefunden, was ich für einen der bis heute wahrhaftigsten Momente des TV-Ereignisses halte.

Karajan

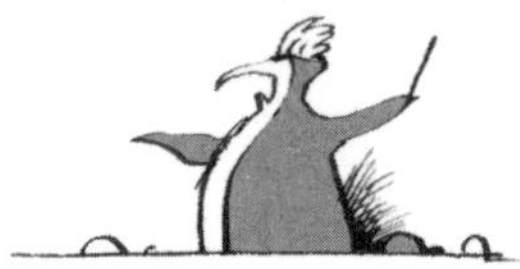

... warum nicht gleich Herbert von? Weil es da noch den Dirigenten-Onkel Emanuel Max gab, der für die Wiener Staatsoper und ihren Ball von Bedeutung war. Jahrgang 1871, ist er 1947 in seiner Geburtsstadt Wien verstorben und war als gelernter Zivilingenieur Chef der Gebäudeverwaltung der Staatsoper – sein Büro befand sich übrigens im Bereich des heutigen Gustav-Mahler-Saals. Einem von ihm verfassten Sicherheitsexposé ist es zu danken, dass in den 1920er-Jahren wieder Redouten stattfinden konnten (**Chronik**).

Und jetzt zu Herbert von: Dass er ein herausragender Dirigent war, ist bekannt, wie oft er der NSDAP beigetreten ist, tut hier nichts zur Sache. Vor allem war er künstlerischer Leiter der Staatsoper von 1956 bis 1964 und damit auch Herr über die Opernbälle. Bei seinen ersten begrüßte der attraktive (wenn auch nicht besonders groß gewachsene) Dirigent sein Publikum artig auf der Feststiege, auch ein Foto, auf dem er seine Frau Eliette mit dem Ballkrönchen schmückt (wobei unter dem karajanischen Frackärmel eine streng verbotene Armbanduhr hervorblitzt), ist überliefert.

Anfang 1962 spitzten sich Karajans Auseinandersetzungen mit dem technischen Personal allerdings so zu, dass er am 7. Februar 1962 einen ersten Rücktrittsbrief schrieb. Der Ball stand wegen der Weigerung der Bühnenarbeiter, Überstunden zu leisten, vor der Absage. Der *Express* meldete am 1. Februar 1962 auf seiner Titelseite: »Karajan sprach zum technischen Personal – Kein Opernball! – Opernball 1962 abgesagt«. Das *Neue Österreich* (das war eine alte Zeitung; die neue heißt nur *Österreich*) sekundierte: »Minister Drimmel lässt den Opernball absagen. Geringe Chance für Einigung«.

Die Verlegung des Balls ins Schloss Schönbrunn wurde erwogen, das nicht einmal ein Drittel der Kapazität der Staatsoper hat; Studentinnen und Studenten meldeten sich freiwillig, für die streikenden Bühnenarbeiter einzuspringen, um dadurch die Abhaltung doch möglich zu machen; doch schon am 6. Februar 1962 las man in der *Abendzeitung*: »Opernball gerettet!«, und eine Woche später: »Die Bühnenarbeiter stimmten zu«.

Der Opernball fand wie geplant am 1. März statt – allerdings ohne Karajan, der, wie Christl Schönfeldt notierte, »außerordentlich verstimmt Wien und der Oper den Rücken gekehrt und sich in die schönen Schweizer Berge zum Skifahren begeben« hatte. An seiner Statt begrüßten die Kammersängerinnen Christel Goltz und Hilde Konetzni sowie die Herren Kammersänger Anton Dermota und Erich Kunz die Gäste. Zahlreiche andere gefeierte Sangeskoryphäen (sagen Sie in diesem Zusammenhang bitte nie Koniferen) nahmen unter der Loge des Bundespräsidenten Platz. Die Wiener hatten ihren Künstlerball, der künstlerische Leiter des Hauses seinen Skiurlaub. Schließlich demissionierte Karajan am 11. Mai 1964 endgültig – der Opernball blieb. Das musikalische Wien hätte Letzteren wahrscheinlich auch mehr vermisst als Ersteren …

Komiteespenden, die

Während die Ballspenden (☞ **diese**) für untätige Besucherinnen und Besucher reserviert sind, erhalten die fleißigen »Jungdamen und -herren« des Eröffnungskomitees eigene Gaben. Im Jahre 1963 begann der Geschenkeregen – es war zunächst ein Tröpfeln: Die österreichische Fluglinie AUA (Sie erinnern sich sicherlich noch an sie) hatte die erste Caravelle gekauft, und die Herstellerfirma ließ für den Opernball 200 Schlüsselringe mit einer kleinen silbernen Caravelle springen. Dies hat laut Christl Schönfeldt »bei der Jugend helle Begeisterung hervorgerufen«. Irgendwo müssen noch einige etwas ältere Jungdamen sein, die besagte Schlüsselringe in ihren Erinnerungsschätzen horten.

Seit dem Jahr 1968 wurden die Mädchen alljährlich mit Parfumflacons, Zerstäubern oder Puderdosen verwöhnt, 1974 kamen endlich auch die jungen Herren in den Genuss einer duftenden Komitee-spende, nämlich eines »Grès pour homme«-Geschenk-coffrets. Coffret bedeutet übersetzt »Schrein« – wohl-

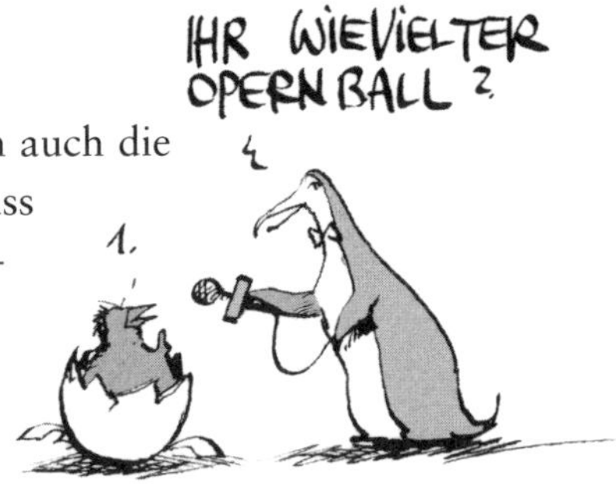

gemerkt nicht »schreien« –, und wenn man das »o« vergisst, liest es sich wie »Gfrett«. Das dürfte der hellen Begeisterung aber keinen Abbruch getan haben.

Durch mehrere Jahre wurden unter der Ägide von Gräfin Schönfeldt auch jeweils sechs Perlencolliers für die Damen sowie Herrenuhren für die Debütanten verlost. Die Tombolas fanden um 0.30 Uhr im Gobelinsaal (heute heißt er Gustav-Mahler-Saal, obwohl dort immer noch Gobelins hängen) statt. Christl Schönfeldt schilderte die Stimmung (auch **Frauenbild**): »Der Gobelinsaal scheint wie ein Märchenbild: 200 junge Mädchen in Weiß mit glitzernden, funkelnden Krönchen auf dem Kopf, voller Erwartung, ob sie gewinnen würden, strahlend, glücklich und selig im Schutz ihrer Kavaliere.« Wie sinnvoll, dass die Mädchen Schmuck erhielten und keine Uhren; denn wie viel es geschlagen hat, konnten Sie ja jederzeit ihre Kavaliere fragen!

Diese erhalten übrigens seit einigen Jahren das, was Kari & Christoph »Krönchen für die Handgelenke« nennen: erlesene Manschettenknöpfe von einem Wiener Juwelier.

»Komm mit mir ins Chambre séparée«

Falsche Beginnzeile für das Lied aus Richard Heubergers Operette *Der Opernball.* Richtig ist: »Gehen wir ins Chambre séparée.« Die Wiener lieben ihre Operetten so sehr, dass sie die berühmtesten Stücke daraus nicht so genau kennen; ein anderes Beispiel: »Dann geh' ich ins Maxim« aus der *Lustigen Witwe* lautet in Wahrheit: »Da geh' ich zu Maxim.« Und fast jeder *Fledermaus*-Verehrer wird Ihnen mitteilen, dass Gefängnisdirektor Frank im ersten Akt singt: »Ich hab' ein kleines Vogelhaus, das ist nicht weit von hier«. Wahr ist vielmehr: »Mein schönes, großes Vogelhaus, es ist ganz nahe hier.«

Aber zurück zum Séparée-Schlager: Ein Lied, das so beginnt, müsste doch wohl im Hotel Sacher spielen (die sagenumwobenen »Extrazimmer« befanden sich dort, wo heute die charmante Chefin Alexandra Winkler ihren Bürotätigkeiten nachgeht), das sich bei seiner Gründung übrigens verpflichten musste, keine Opern aufzuführen, und das dank seinen Gästen dennoch das »musikalischste Hotel der Welt« wurde.

Die Szene spielt in Wahrheit aber auf dem Pariser Opernball. Aus der französischen Hauptstadt stammen bekanntlich nicht nur die Opernbälle, sondern auch die Operette im Allgemeinen. Wie verwirrend für die Wiener, die doch alles erfunden zu haben glauben, was (ihnen) Spaß macht.

Kreisky, Bruno

Ich war in meiner Kindheit fest davon überzeugt, dass »Bundeskanzler« sein erster Vorname sei; und rückblickend betrachtet stimmt das wohl auch.

Den Opernball erklärte er 1971 zum »Ball des Staates«, hatte ihn aber auch als Minister schon besucht, etwa 1964. »Frau Holle machte Fleißaufgaben zu diesem Datum«, wie sich Christl Schönfeldt erinnerte, Wien glich einer Rutschbahn und Kreiskys »Wagen erlitt größeren Schaden, sodaß dem Minister und seiner Frau nichts anderes übrig blieb, als in die Straßenbahn umzusteigen. Er löste die Karte und frug: ›Was kostet das?‹ – ›Auch für Sie, Herr Minister, drei Schilling.‹« Diese Anekdote stammt offenbar aus einer Zeit, als man Minister noch erkannte.

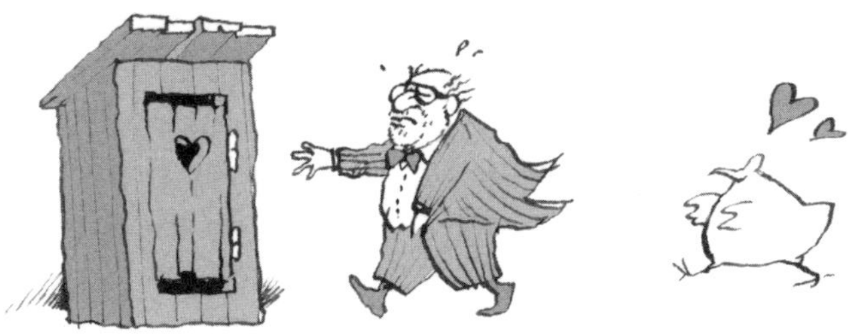

Kreisky war jedenfalls der erste »Fernseh-Opernball-Kanzler«. 1972 lieferte er Heinz Fischer-Karwin während der Ballnacht ein legendäres Interview, bei dem nicht nur das Wort »Häusel« fiel (**Damenwahl**), sondern auch ein Satz, den der ehemalige

Kreisky-Mitarbeiter Johannes Kunz genüsslich zitiert: »Dass junge Revolutionäre im Alter mit Frack und Orden herumgehen, scheint die Rache der Geschichte zu sein …«

Und auch folgende Anekdote wurde von Kunz überliefert: »Einmal lud Bruno Kreisky die amerikanische Filmschauspielerin Shirley MacLaine, die gerade in Wien war, zum Opernball in die Kanzlerloge ein. Der Autor dieses Buches war damals als Pressesprecher des Bundeskanzlers mit dabei und erinnert sich an den Dialog der Hollywood-Diva mit dem SPÖ-Kanzler beim Anblick der prunkvollen Eröffnung. Sie dachte, der Besuch des Opernballes sei unter einer sozialistischen Regierung für alle gratis, worauf sie von Kreisky desillusioniert wurde.« Obwohl desillusioniert, war die Schauspiel- und Musicalgröße MacLaine beim 1995er-Ball wieder dabei.

Krönchen, die

Sie hießen mal so, aber neuerdings schmückt sich der Schmuck mit pompösen Synonymen wie »Diadem« oder »Tiara«. Letztere hatte ich immer auf dem Haupte eines Papstes vermutet, oder als Kopfbedeckung der alt-iranischen Herrscher und der assyrischen Könige.

Seit 1959 übersät die Firma Swarovski debütierende Damenhäupter mit Schmucksteinen. Als Kari & Christoph diagnostizierten, ein Krönchen sei »etwa so schwer wie ein Wurschtsemmerl«, ging ein Raunen durch die Schmuckbranche.

In den letzten Jahren wird die Aufmerksamkeit auf berühmte Krönchen-Gestalter gelenkt: etwa Prinz Dimitri von Jugoslawien, der 546 Kristallsteine verbriet (auf meine Frage, ob das ein enger Verwandter von ihm sei, antwortete Kari: »Eng ja, Verwandter nein.«), oder Dolce e Gabbana (zu Deutsch »Süß und Mantel«), die pro Diadem sogar 702 Kristalle zur Verfügung hatten (Kari erkannte »anmutige Pantoffeltierchen beim Liebesspiel«). Shaun Leanes Kreation hieß »Swift« (zu Deutsch »Mauersegler«). 2017 schuf Altmeister Karl Lagerfeld eine Tiara namens »Le beau Danube bleu« (»Der schöne Donau blau«). 1981 hatte er schon das Opernballplakat gestaltet, während er den Ball 2019 leider nicht mehr erlebte. Auch Versace kam zum Zug, angeblich »tosten auf dem Diadem schillernde Wellen in unterschiedlichen Blautönen«. Kari beharrte trotzig: »Ich seh keinen Toast.«

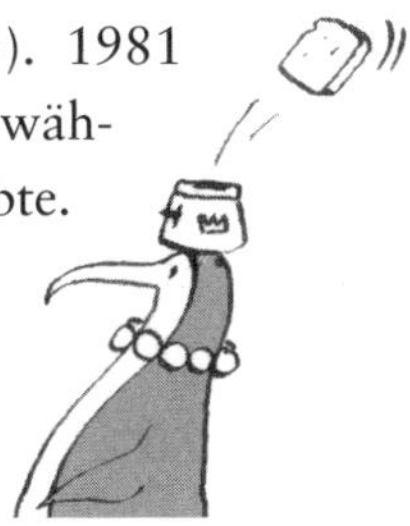

Kultur, die

Man spricht gerne von »Wiener Ballkultur«, ohne lange zu überlegen, wie kultiviert es auf Bällen zugeht. Der österreichische Intendant Klaus (seitdem er nach Deutschland gezogen war, nannte er sich Nikolaus) Bachler klagte in einem Zeitungsinterview des Jahres 2015: »Was in Österreich schon zu beobachten ist: Dass sich die kulturelle Identität immer mehr auf Opernball und Neujahrskonzert zu beschränken scheint.« Spätestens, wenn Bachler die künstlerische

Leitung der Osterfestspiele Salzburg übernommen haben wird, zählen diese auch zur kulturellen Identität Österreichs.

L

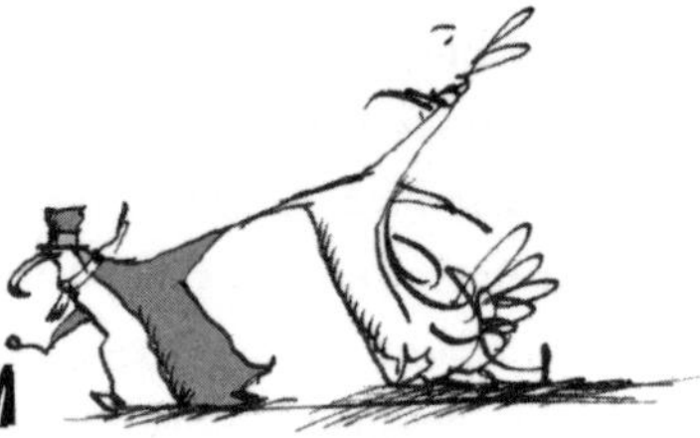

Lugner, Richard

Er heißt komplett »Richard Siegfried Lugner«, wobei man ihm den zweiten Vornamen nicht unbedingt anmerkt; den Spitznamen »Mörtel« schon eher. Biederer Baumeister des Jahrgangs 1932 mit Einkaufszentrum (»City«), TV-Sendung (»Soap«) und Gattin (»Mausi«). Seit 2007 ist Letztgenannte seine Exgattin, auf sie folgte eine unübersehbare Zahl von weiblichen Tieren, die Lugner Gesellschaft in der Society leisteten: »Hasi«, »Käfer«, »Bambi«, »Katzi«, »Kolibri«, »Spatzi«, »Zebra« ... man möge dem Chronisten nachsehen, wenn er die eine oder andere Zoobewohnerin übersehen hat.

Lugner ist ein Ball-Stammgast, der seit 1992 für vornehmlich weibliche Stargäste sorgt, deren Muttersprache er nicht beherrscht. Das führt regelmäßig zu Konversations-Totalausfällen in seiner Loge. Über Jahre trug Lugner das traurigste Gesicht des Balls, insbesondere, wenn kaum bekannte Starlets die erwähnte Loge zunächst gen Closett (**dieses**) und anschließend in Richtung Ausgang verließen. Wenn Lugner nicht gerade das zerquälte Märtyrergesicht trägt, fühlt er sich auf dem Ball wohl wie ein Pudel. Die TV-Kamera erwischte ihn einmal beim totalen Adoptionsversuch, als der Baumeister sprach: »Der Lugner-Ball war ein großer Erfolg.«

Der Drohung des neuen Direktors Bogdan Roščić, Lugner keine Loge mehr zu gönnen, begegnete der Ballbegeisterte, gewohnt spendabel, mit der Überweisung eines Donatorenbeitrags an die Staatsoper. (Donatoren sind Förderer der Wiener Staatsoper, die aufgrund einer beachtlichen Spende in die glückliche Lage geraten, sich zusätzlich eine Opernballloge zum Vollpreis kaufen zu dürfen.)

Außerdem, so berichtete eine Zeitung, erwachte in Richard Lugner spontan der Verehrer von Opernabenden, an denen die Parkettreihen drinbleiben dürfen: »Um auch seine Verbundenheit zur Oper an sich auszudrücken, kaufte Lugner zudem Karten für die Aufführungen *Carmen* und *Lady Butterfly* in der kommenden Saison. ›Meine letzte Oper war *Die Zauberflöte* 1998‹, sagte der Baumeister.« Dass Puccinis Werk eigentlich *Madama Butterfly* heißt, dürfte den frischgebackenen Opernfreak nicht stören …

Lugners Gäste

Begonnen hat die Parade 1992 mit dem großen Entertainer Harry Belafonte, auf ihn folgten 1993 Joan Collins (im Brotberuf »Biest« aus der Serie *Denver Clan*), 1994 Ivana Trump (tschechischstämmige Ex-Gattin des nachmaligen US-Präsidenten und leibliche Mutter von Ivanka Trump; sie brillierte überraschend mit ihren Deutschkenntnissen, als sie zum Opernball meinte: »Sehr scheen, sehr scheen«) und 1995 Sophia Loren in aufsehenerregender Goldrobe.

1996 nahm Grace Jones in der baumeisterlichen Loge Platz und wurde nach Mitternacht von Richard Siegfried in einem wilden Boogie-Woogie übers Parkett geschleudert. Zuvor hatte das jamaikanische Pop-Enfant-terrible ihren Interviewer Alfons Haider (**dieser**) mit dem Satz verwirrt: »I wouldn't mind making love with my boyfriend in one of the booths.« Alfons übersetzte geistesgegenwärtig und jugendfrei, dass ihr der Sinn nach Händchenhalten in einer der Logen stünde.

1997 erschien Sarah Ferguson (von Lugner zärtlich »Fördschie« genannt), bekannt durch die Scheidung von dem britischen Prinzen Andrew, 1998 und 1999 zwei Hollywood-Kaliber: Raquel (»Rackl«) Welch und Faye Dunaway (»Fedannawee«). Die Ball-Jahrhundertwende feierte Lugner mit zwei Gästen: Jacqueline Bisset und einer schönen TV-Moderatorin mit dem ebenfalls beachtlichen Namen Nadja Abd el Farrag (ihr Spitzname »Naddel« ist weniger attraktiv, weil er sich auf »Quaddel« reimt).

Das neue Jahrtausend ließ Lugner nicht ruhen: 2001 stieg ein Spind-Idol der 1980er herab zum Ball, nämlich Farrah Fawcett; der tiefreligiöse Moderator Dieter Chmelar ließ die Schönheit wissen, dass Farrahs Geburtsort Corpus Christi, Texas, vollends zu ihr passe. Von der Cinecittà (Claudia Cardinale 2002) ging es beim Gästefang an die Strände von Malibu (*Baywatch*-Bombe Pamela Anderson 2003, begleitet von ihrem benebelten Hawerer Kid Rock, der sich nicht nur am Getränkebüffet bedient haben dürfte); Andie MacDowell war 2004 die bis auf weiteres niveauvollste Logendekoration. Die Namen Geri Halliwell (2005) und Carmen Electra (2006) prägten sich Kari & Christoph für eine Nacht ein – Letztere leichter, weil sie sich mit zwei Operntiteln schmückte –, um sie anschließend sofort wieder zu vergessen. Zu Erstgenannter äußerte ihr Mieter, sie sei ein »kurvenreicher Gast« und über die Kunst der britischen Sängerin war der Baumeister ebenfalls im Bilde: »Sie hatte manchmal gute Lieder und manchmal schlechte.«

Ein überaus gelangweilter Blondschopf nahm 2007 an Lugners Seite Platz, sie trug den Namen einer Hoteladresse: Paris Hilton. Gott sei Dank war das Mobiltelefon schon erfunden, denn mit einem solchen beschäftigte sich das Fräulein für die Dauer ihrer Anwesenheit. Die Burlesque-Künstlerin Dita Von Teese sorgte 2008 für Verwirrung bei Ballgast Tobias

Moretti: »Wieso hoaßt die Dieter, wann's a Frau is?« Ebenfalls eine solche, nämlich eine verzweifelte Hausfrau (alias Desperate Housewife), war die 2009 angereiste Nicollette Sheridan. Auf sie folgte wieder ein Mann, der Sympathieträger und Juror der Herzen Dieter Bohlen (2010).

Dem neuen Direktor Dominique Meyer (**dieser**) schenkte Lugner 2011 gleich drei Ehrengäste: Karima »Ruby« el-Mahroug (eine Überlebende der Liebeskünste von Silvio Berlusconi, was Barbara Rett zu dem redaktionsinternen Appell veranlasste: »Wir müssen Ruby ihre Würde zurückgeben«), Larry Hagman (ehemaliger *Dallas*-Star, den man ohne Hut kaum erkannte) und Zachi Noy (den überhaupt niemand erkannte, der nicht die Pubertanten-Filmkomödie *Eis am Stiel* gesehen hatte).

Haben Sie schon aufgegeben? Halten Sie durch, es sind nur noch neun Balljahre!

2012 beschattete Brigitte Nielsen (Red Sonja, aber blond) den Gastgeber Lugner, ebenfalls angetreten war Moore, Sir Roger Moore, den wir als schmähreichen, aber muskelarmen James Bond lieben gelernt hatten. 2013 begegneten wir einer US-amerikanischen Schauspielerin mit italienischem Namen, Mira Sorvino, sowie der original italienischen Legende Gina Lollobrigida. Letztere freute sich, so vermuteten Kari & Christoph, über ein Wiedersehen mit dem ebenfalls anwesenden Modeschöpfer Harald Glööckler, weil sie mit ihm 1956 in dem Streifen *Der Glööckler von Notre Dame* aufgetreten war.

2014 gastierte dank Lugner die weltberühmte Kehrseite der Medaille, Kim Kardashian, über die ich in der Zeitschrift *NEWS* äußerte: »Ich glaube, es ist der tiefe Schwerpunkt, der sie berühmt gemacht hat.« Kims Familie stammt übrigens aus derselben armenischen Kleinstadt wie jene des wesentlich zarter gebauten Charles Aznavour, der 1997 den Opernball besuchte. Elisabetta Canalis, von George Clooney getrennt und 2015 mit Lugner auf dem Ball vereint (nicht unbedingt ein Aufstieg), tanzte mit Letztgenanntem den obligaten Mitternachts-Boogie-Woogie, wobei der obere Teil ihres Kleides für einige Momente verrutschte. »Busenblitzer!« und »Krapferl-Alarm!« hieß es anderntags in den Wiener Qualitätsmedien.

Brooke Shields, die attraktive Ballbesucherin von Lugners Gnaden anno 2016, überragte den Gastgeber nicht nur dank ihrer Körpergröße von einem Meter dreiundachtzig. Goldie Hawn begegnete ihm 2017 auf Augenhöhe, ebenso die champagnerfeste Melanie Griffith 2018. Elle Macpherson, australisches Fotomodell, hörte einst auf den Kosenamen »The Body«, was Lugner dazu bewogen haben könnte, sie 2019 zum Ball zu laden. Sein tiefer Respekt für weibliche Körperformen wurde dem Baumeister 2020 zum Verhängnis: Lindsay Vonn hatte bereits zugesagt, als Lugner bei seiner Pressekonferenz

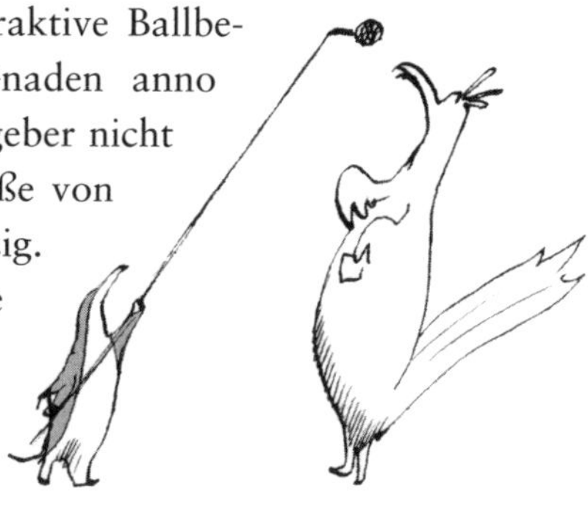

im Vorfeld des Balls ein Foto der nahezu nackten Skirennläuferin in die Höhe hielt (wohlgemerkt hat er das Foto nur hochgehalten, sie aber dessen Veröffentlichung zugestimmt). Dies bewog Frau Vonn zur Absage, was wiederum Kari & Christoph dazu bewog, sie »Lindsay auf und daVonn« zu taufen. Bange Tage der Gast-Losigkeit folgten, bis ein neuer, vollständig bekleideter Star gefunden war: Ornella Muti, eine elegante und abgeklärte Dame, begleitete den Ball-Baumeister und zauberte ein Lächeln auf das geplagte Gesicht des 87-Jährigen.

Kari & Christoph kommentierten: »Die Muti spricht ein bisschen Deutsch und passt damit perfekt zu Richard Lugner, denn der spricht ja auch ein bisschen Deutsch.« Der rasende Ballreporter Peter Klien ging im Interview mit dem Baumeister noch einen Schritt weiter. Er fragte, ob man nach all den Komplikationen mit früheren Ballgästen das Happy End mit der italienischen Filmdiva so zusammenfassen könnte: »Alles Schlampen außer Muti?« Also so was würden sich die beiden Kammerl-Kommentatoren nie erlauben …

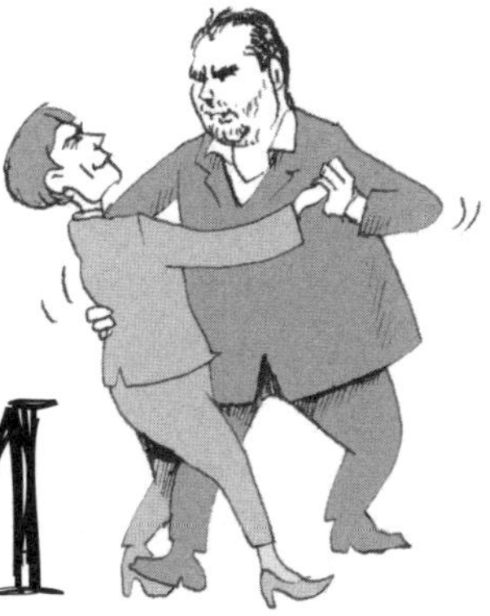

M

Meyer, Dominique

Staatsoperndirektor von 2010 bis 2020, nicht zu verwechseln mit Robert Meyer, dem langjährigen Volks-Operndirektor und -Schauspieler, der den Opernball vermutlich nur einmal besuchte, ohne sich dabei hervorzutun. (Gleichzeitig amtierte, als dritter Opernchef der Hauptstadt, der Intendant des Theaters an der Wien, Roland Geyer. Er subsumierte die drei Amtsinhaber einmal scherzhaft als »die Herren mit *-eyer* hinten«, was die beiden anderen nicht unbedingt lustig fanden – aber das nur so nebenbei.)

Dominique Meyer setzte die kulturhistorische Tat, das Wiener Staatsopernorchester (alias Philharmoniker) bei der Eröffnung (**diese**) spielen zu lassen, wo sie ab 1956 traditionell nicht mitwirkten (beim Ball anno 1956 war das noch ein Thema, als der *Kurier* meldete: »Opernball ohne Philharmoniker. Sensationeller Bruch mit der Tradition«). Gelungen ist ihm das dem Vernehmen nach, weil er, im Gegensatz zu seinem Amtsvorgänger, nicht mit Dienstkarten für die Orchestermitglieder geizte.

Monsieur Meyer delektierte sich ein Jahrzehnt lang an den verschiedensten Ausspracheversuchen seines Namens durch des Französischen nicht mächtige Alpenländler und revanchierte sich durch seine stehende Floskel bei größeren Anlässen (also auch dem Opernball): »Isch freue misch …« Diese permanente Freude ließ sein elsässisches Pokerface zumeist kaum erahnen. Seinen letzten Ball (2020) feierte er aber ausgelassen (und mit verträumtem Pokerface) mit der von ihm sehr geschätzten weiblichen Jugend bis in die frühen Morgenstunden.

Mittelloge, die

Sie trug im Laufe der Geschichte viele Namen: Als »Hof(fest)loge« hat sie 1877 bei der ersten Hofopernsoiree debütiert, knapp nach dem Ball 1938 erhielt sie den zweifelhaften Ehrentitel »Führerloge«. Im neu errichteten Haus 1955 war der Name gefunden und blieb ihr treu.

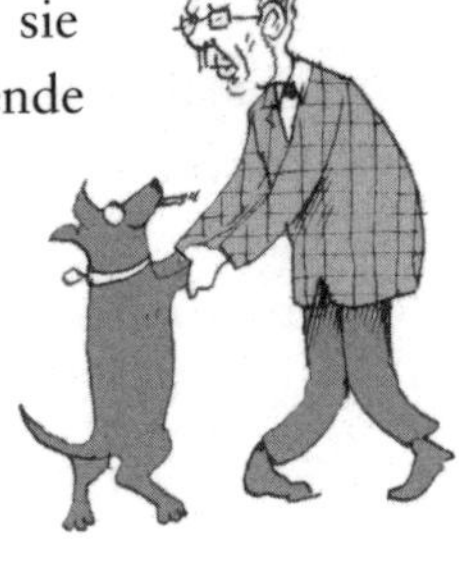

Bei der Eröffnung beherbergt sie den Bundespräsidenten und anwesende Regierungsmitglieder samt Ehegesponsen und allfälligen Staatsgästen. Anschließend wird sie von Stühlen und Honoratioren geräumt und dient dem ORF im zweiten Teil der Fernsehübertragung als Interviewmanege.

Bis in die 1960er-Jahre, als Staatsoberhäupter noch schwindelfrei waren, wurde vorsorglich die Brüstung der Mittelloge entfernt, eine oder zwei Freitreppen eingebaut und ein von ihnen umschlossenes Podium für eine große Tanzkapelle aufgestellt.

Models, die

Früher hießen sie Mannequins (= »Gliederpuppen«), heutzutage aber sind sie Vorbilder (englisch: »role models«) für viele junge Frauen geworden, deshalb bürgerte sich der neue Begriff ein. Punktuell wird das »Fest der Reichen und Schönen« ja auch von wirklich Schönen bereichert, und einige der Besucherinnen wollen wir in der Rückschau hervorheben.

Naomi Campbell besuchte den Ball in einer schlohweißen Robe, da sie sicher sein konnte, nicht mit einer Debütantin verwechselt zu werden. Einer der beiden Kommentatoren hat bei ihrem erhebenden Anblick gemeint: »Naomi Campbell, ganz in Weiß ... fast.« Bei demselben Ball wurde auch Naomis Kollegin Kate Moss erwartet – vergebens. Unsere Diagnose »Kate Moss ist nicht gekommen, aber Naomi Campbell ist gegangen« kommentierte Kabarettist Severin Groebner lapidar: »Kate Moss hatte recht.«

Claudia Stöckl, die ehemals auch Fotomodell gewesen war, verschönerte den Ball moderierend nur für eine Nacht und konzentrierte sich anschließend auf ihre Mitwirkung bei *Dancing Stars*. 2018 erschien Waris Dirie (ehemaliges Model, Menschenrechtsaktivistin und seit März 2005 österreichische Staatsbürgerin) in Begleitung des mitgebrachten Bundeskanzlers. Alfons nannte sie einmal irrtümlich »Doris«, was für ein Hoppala nicht ausreicht.

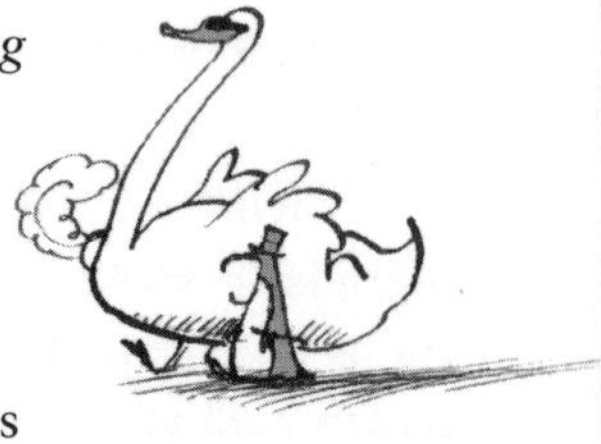

Als die prachtvolle Cordula Reyer im Ballbild erschien, konnte ich eine autobiografische Fußnote anbringen: »Ich bin mit Cordula in den Kindergarten gegangen … aber keinen Schritt weiter.«

Moderator*innen, die

Die von Kari & Christoph am wenigsten beneidete Berufsgruppe der Welt – abgesehen von Braunkohleschürfern und Tarantelschluckern – sind die Opernballmoderatoren. Sie verdienen recht gut und werden unsagbar berühmt, aber diese Vorzüge sind teuer erkauft. Ihre mit demonstrativer Fröhlichkeit getragenen Leiden werden nicht nur beim Drängen durch die Gänge, sondern vor allem in den öffentlich geführten Interviews (☞ **diese**) offenbar.

Die folgende Liste könnten Sie auch auf Wikipedia nachschlagen (beziehungsweise nachklicken), aber ich fühle mich verpflichtet, für meine geschätzte Leserschaft alle Ballmoderatorinnen und -moderatoren aller Zeiten abzutippen:

Erste Pioniere in Schwarz-Weiß waren Fritz Senger (1958) und Walter Pissecker (1965). Ab dem Jahre 1972 feierte man Gesamtübertragungen, bei denen Starnäsler Heinz Fischer-Karwin (HFK), die Jazz-Ikone Walter Richard Langer und der vielseitige Gerhard Vogl hervortraten.

1980, eine Zeitenwende: Horst Friedrich Mayer (HFM umwehte stets die Aura eines zerstreuten Sonnenkönigs) war da; auch die Bälle 1981, 1984, 1985, 1987 sowie 1995 bis 1998 wurden durch seine bürgerliche Präsenz geadelt. Auch Robert Hochner (ein blitzgescheiter Nuschler, der sich im *ZiB 2*-Sessel wohler fühlte), Hans-Paul Strobl (der sich auch im Format *Ein Fall für den Volksanwalt* sowie durch einige unglückliche Äußerungen in die Kamera hervorgetan hat) und, nicht zuletzt, Ursula Stenzel erschienen auf dem Schirm. Die Stenzel versuchte erfolgreich, HFK im Näseln zu übertreffen und polarisierte, aber nicht so sehr wie später als Politikerin. 1981 stießen Eva Maria Klinger (die ungekrönte Königin der gewagten Interview-Fragen) und Erwin Fischer (weder mit Heinz noch mit Helmut noch mit Ottfried und schon gar nicht mit O. W. verwandt) zum Team.

»Nach den unglücklichen Reportagen der letzten Jahre hat man sich heuer gegen eine Übertragung vom Opernball entschieden«, ließ die *Arbeiter-Zeitung* die sozialdemokratische Leserschaft am 18. Februar 1982 wissen. Und auch im darauffolgenden Jahr setzte man auf Hörfunk-Übertragungen (!) und kürzere TV-Häppchen, die von Gertrude Aubauer (die *Hohes Haus*-Blondine), Walter Seledec sowie den tierliebenden Kollegen Fischer und Vogl serviert wurden.

1984 (die *Arbeiter-Zeitung* konnte »90 Minuten Live-Übertragung nach zweijähriger Pause« ankündigen) stieß zu den beiden Letztgenannten wieder das Wunderteam Mayer & Stenzel (nicht zu verwechseln mit der Firma Hulesch & Quenzel, spezialisiert auf Dinge, die zur Erzeugung von Wut dienen, und die in Heimito von Doderers *Die Merowinger* Erwähnung findet). Von diesem Ball ist HFMs ratloser Satz »Ich seh' keine Kamera«, gesprochen in eine solche, als kostbares Hoppala überliefert.

1985 debütierten Herbert Dobrovolny (**dieser**), der bis 1993 dabei war, sowie Nora Frey und die halbwüchsige Vera Russwurm für den ebenfalls noch blutjungen Sender 3sat. Einnachtsfliegen waren 1994 Max Schautzer, Eva Twaroch und Catherina Braunsteiner, während Dieter Chmelar in diesem sowie in den Jahren 2000 und 2001 ran durfte. Die Jahre 1995 bis 1998 waren fest in der Hand des Teams HFM, Barbara Stöckl und Alfons Haider – Erstgenannter ließ sich in der Prominentenerkennung von einem knabenhaften Karl Hohenlohe assistieren.

Ingrid Thurnher war die Primadonna der nächsten vier Opernbälle bis 2002, assistiert von Alfons Haider, Günther Ziesel, Barbara Rett oder Didi Chmelar. Karl Hohenlohe vermutet übrigens bis heute, dass Ingrids Entscheidung, die Ballmoderation sein zu lassen, mit seiner Aufforderung zum Tanz zu tun hatte. Von 2003 bis 2007 regierte Arabella Kiesbauer, die ersten drei

Jahre solo neben Alfons, 2006 und 2007 stieß Tamee Harrison dazu. Ab letztgenanntem Jahr verstärkte Barbara Rett (bis 2019) die kulturelle Flanke. Claudia Stöckl, Marie-Claire Zimmermann, Elke Winkens, Dorian Steidl, Kati Bellowitsch sowie Klaus Eberhartinger tauchten im Moderatorenteam auf und wieder ab. Ein Sondersatz sei Dominic Heinzl gewidmet: Der Sympathieträger (besonders beliebt bei den Kolleginnen und Kollegen, über die er abwertend sprach) erkannte beim Opernball 2010, dass vom Red Carpet (**dieser**) live zu berichten doch nicht so leicht ist, wie ein paar unterhaltsame Ballszenen nachträglich zusammenzuschneiden.

2011 erhielt der Ball ein neues Gesicht, dass seitdem hervorragend mit dem alterungsresistenten Antlitz Alfons Haiders harmoniert: Mirjam Weichselbraun. 2020 löste Teresa Vogl die Rett als oberste Künstlerverhörinstanz beim Tanzfest ab. An dieser Stelle ein Dank an Lady Barbara: Du hast durch zwei Jahrzehnte aus den Bällen mehr Kultur (**diese**) herausgeholt, als drin war!

P. S.: Das Amt der Kommentatoren, die nur für wenige Minuten am Anfang und Ende der TV-Übertragung ihr Kabäuschen verlassen dürfen, wurde speziell für Kari & Christoph geschaffen. Gut so. Wir neiden den Moderatoren ihre Ausgesetztheit überhaupt nicht.

Münze, die

Am 20. Jänner 2016 legte die Prägeanstalt »Münze Österreich« ein 20-Euro-Silberplättchen namens »Wiener Opernball« auf. Die Vorfreude bei Kari & Christoph war gigantisch, ebenso groß aber die Enttäuschung: Wir mussten wahrnehmen, dass nicht unsere noblen Konterfeis in Silber gehauen worden waren, sondern irgendwelche belanglosen Walzerszenen ... Das nennt man Geldentwertung!

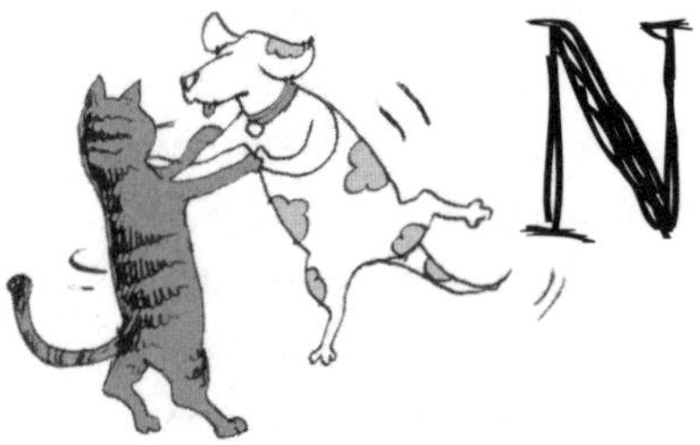

Nelkenschlacht, die

Wenige Wochen vor dem Ball 1959 erhielt Christl Schönfeldt einen überraschenden Antrag: Gilberto Toraldo, Chef des italienischen Fremdenverkehrsverbands ENIT (eine Abkürzung für »Ente nazionale italiano per il turismo«, wobei das erste der Wörter nichts mit dem beliebten Wasservogel zu tun hat), bot ihr kostenlos 10000 Nelken an. Damen lehnen Blumengeschenke so gut wie nie ab, und so kam es auch diesmal: Die an der italienischen Riviera großgezogene Blumenpracht schmückte den Ball, im Jahr darauf

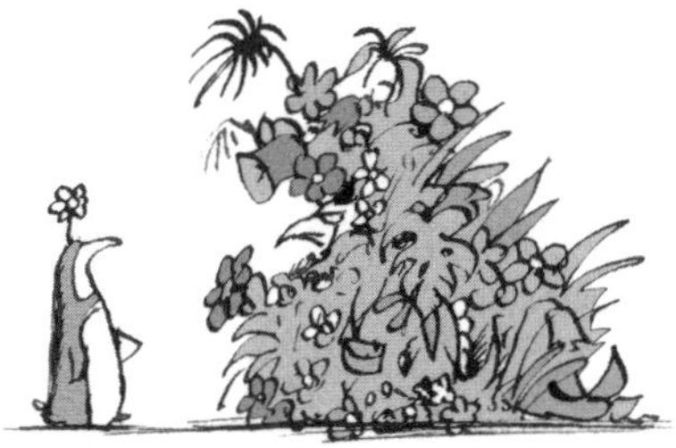

wurde die florale Großzügigkeit auf 14 000 Stück Nelken erhöht.

Wenn es etwas gratis gibt, werden Österreicher*innen jeden Alters sehr bedürftig – begeben Sie sich doch nur mal an ein Büffet, dort können Sie bestgenährte Zeitgenossen bestaunen, die ihre Teller behäufen, als gälte es, die nächste Woche durchzuverpflegen. Drum brach fortan alle Jahre in der letzten Ballstunde, also gegen vier Uhr, ein Massenraub aus, der unter dem Namen »Nelkenschlacht« in die Ballgeschichte eingegangen ist. Der frühe Vogel fängt die Nelke, dachte man und frau, und von Jahr zu Jahr wurde der Schmuck eher gerupft. Bis der Unterrichtsminister einschritt und 1971 den Gästen folgenden Zettel aushändigen ließ:

»Sehr verehrte Ballbesucher!
Sicher werden Sie den Blumenschmuck des heurigen Opernballs noch einmal so schön finden, wenn Sie wissen, daß die Nelken an den Logenbrüstungen morgen früh alten und kranken Menschen in Altersheimen zum Geschenk gemacht werden sollen. Ich bitte daher

alle Ballgäste sehr herzlich, darauf zu achten, daß der Blumenschmuck nicht beschädigt wird. Mit den besten Wünschen für eine schöne Ballnacht!

Der Bundesminister für Unterricht und Kunst,
Leopold Gratz«

Nun, der Gratz-Poldi ist schon lange nicht mehr Minister, Nelken werden keineswegs alle Jahre aufgehängt, aber was es an Blumen zu holen gibt, wird im Finale der Ballnacht wieder abmontiert. Die Austria Presseagentur konnte 2009 melden: »›Viele Leute nehmen eine Blume vom Opernball als Erinnerung mit‹, so ein [Staatsopern-]Mitarbeiter zur APA. Von den Überresten der rund 40 000 Rosen, Orchideen, Tulpen sowie Flieder-, Pfirsich- und Kirschblüten, die diesmal die Säle zierten, sei nach zwei Stunden nichts mehr zu sehen gewesen.«

Nerz, der

In sumpfigen Gebieten lebendes Raubtier, dessen Fell regelmäßig in den Foyers der Staatsoper auftaucht. Die darunter zum Vorschein kommenden Damen beziehen die allgemeine Erregung auf sich. Der Nerz ist ein geselliges und kunstsinniges Tier; schon halbwüchsige Nerze fragen gerne ihre Mutter: »Mami, wenn ich groß bin, komme ich dann in die Oper?«

O

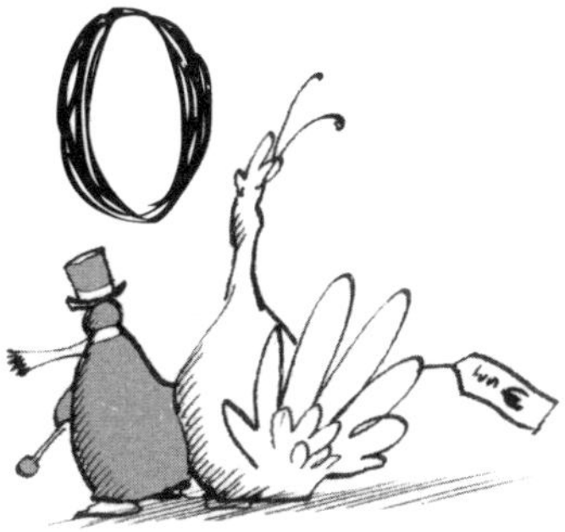

Opernball, der XY ungelöst

Opernballdemos, die

Sie finden im Wesentlichen vor der Oper statt, um die da drinnen zu erinnern, dass es da draußen kalt ist. Erstere bekommen das aber nicht mit, da sie während des Balls nicht *ZiB 2* schauen.

Missgelaunt betrachtet wurde ja schon der 1956er-Ball (ohne dass es zu Ausschreitungen gekommen wäre). Die *Arbeiter-Zeitung* lieferte eine bissige Glosse, betitelt »Protzen und Adabeis«, mit dem Finale »Beneiden wir die Protzen nicht, lachen wir sie aus!« Die gutbürgerliche *Presse* konterte, unter den Anwesenden hätten sich auch »sozialistische Regierungsmitglieder, Manager, Rechtsanwälte, Gewerkschafts- und Parteifunktionäre (samt Gattinnen)« befunden. Also eh ein Proporzball …

Die allererste physische Demo fand am 22. Februar 1968 als Auftakt einer überschaubaren Reihe von

Aktionen der österreichischen Studenten-Protestbewegung statt. (Mittlerweile sitzen die »Alt-68er« samt Gattinnen in den Logen.) Eine zaghafte Sitzkundgebung auf den Rampen vor der Oper wurde durch tragefreudige Polizisten aufgelöst, wackere Demonstranten schleuderten Flugblätter ins Foyer. Einige waren sogar mit »Galeriekarten« ins Haus vorgedrungen und warfen Flugblätter ins Parkett. Aus jener Zeit stammt die – von Kari & Christoph sehr geschätzte – Parole »Glotzt nicht so romantisch«, die übrigens auf Bert Brecht zurückgeht. *Der Abend-Express* vom 23. Februar überlieferte noch eine reizende Anekdote: »›Wann brennt die Oper?‹ stand auf einem der Transparente, die gestern kurz nach 21 Uhr von etwa hundert jugendlichen Demonstranten vor der Staatsoper hochgehalten wurden. ›Brennen tun da nur die Gäste‹, meinte ein Zuschauer sarkastisch.« (Für nicht-österreichische Leser*innen sei festgehalten, dass »brennen« ein Begriff für »ordentlich zur Kasse gebeten werden« ist. Vergleiche den durchaus zum Ball passenden Songtext von Rainhard Fendrich: »Finanzielle Probleme lacosten uns nur einen Huster, das spielt gar keine Rolex, der Oide brennt eh wie ein Luster. Mir san die Hautevolée, mir ham den Überschmäh …«)

Beim Neujahrskonzert 1982 sorgte eine Frühform der Lesben- und Schwulenbewegung namens »Rosa Wirbel« für einen solchen: Zwei ausschließlich mit Fliegen (alias Mascherl), und zwar um den Hals, bekleidete Herren stürmten zur Polka *Die Emanzipierte* die Musikvereinsbühne und forderten »Freiheit für

Schwule«. Beim Opernball desselben Jahres spannten Beherzte kurzzeitig die Transparente »Menschenrechte für alle« und »Arsch im Mund – Kein krummer Hund« auf und ließen rosa Flugzettel vom Balkon ins Parkett regnen. Lotte Tobisch sah irritiert zu.

Die nächste, noch relativ beschauliche, Demo fand 1987 aus Protest gegen die geplante atomare Wiederaufarbeitungsanlage im bayerischen Wackersdorf statt. Der Ballbesuch des Ministerpräsidenten Franz Josef Strauß kam den rund 500 Unzufriedenen gerade recht. Die Krawalle trafen auf eine mit Schlagstöcken bewehrte Polizeitruppe – ein Fressen für die Medien.

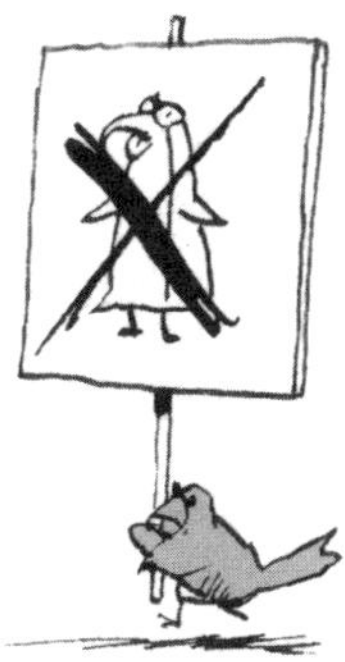

Im darauffolgenden Jahr waren es bereits über 3000 Menschen, die sich – trotz Untersagung der angemeldeten Kundgebung – eingefunden hatten. Man spannte eine friedliche Kette über die Ringstraße. Warum knapp nach 22 Uhr ein Polizeiauto in eine Menschengruppe fuhr und eine Frau verletzte, ist nicht geklärt – Polizisten sind eben auch nur Menschen mit schwachen Nerven und Führerschein.

Wikipedia, die einen überaus detaillierten Artikel zu dem Thema aufweist, berichtet von »einer Steigerung der Militanz während der Opernballdemonstrationen 1989 und 1990, ausgehend sowohl von der Polizei als auch von autonomen Aktivisten«. Die Demo 1989 mit mehreren tausend Teilnehmern stand unter dem kannibalischen Motto »Eat the rich!« (die Parole geht auf einen gleichnamigen britischen Spielfilm zurück). Demonstranten kaperten den Mercedes eines Opernballbesuchers und gingen mit ihm gegen die Polizei vor. Schlagstöcke und Wasserwerfer führten zu der unrühmlichen Bilanz von 60 Verletzten, »der Polizei wurden Misshandlungen bei und nach Festnahmen vorgeworfen«, weiß Wikipedia und kann uns damit kaum überraschen. Pflastersteine flogen, Müllcontainer brannten, in den Händen einiger Demonstranten fanden sich Eisenstangen. Die noch jungen Grünen sympathisierten nicht nur mit den Anliegen der Demo, sondern auch mit den Verletzten und Festgenommenen; das führte dazu, dass die Partei erst 2020 (als es eigentlich keine Opernballdemos mehr gab) in die Bundesregierung durfte.

Die Nacht des 22. Februar 1990 bedeutete einen traurigen Höhepunkt der Demo-Chronik: Hooligans und Skinheads missbrauchten die Veranstaltung, ausgerüstet mit Schlagstöcken, Leuchtraketen und Messern. Kämpfe zwischen Demonstranten und der Polizei bis tief in die Nacht, eingeschlagene Scheiben einer Supermarkt-Filiale, beschädigte Autos, Dutzende Verletzte und 30 Festnahmen waren zu verzeichnen.

Dass sich die Demo als eigene Tradition verselbstständigt hatte, erwies sich 1991: Trotz Opernball-Absage versammelten sich rund 300 Teilnehmer. Die 1990er-Jahre erlebten den »Niedergang« der Demo-Tradition, während der Ball weiterhin stattfand. Erst das Jahr 2000, als die frisch angelobte schwarz-blaue

Bundesregierung beim Republiksball antanzte, blies neues Leben in die Unzufriedenen. Als Krönung der regelmäßigen »Donnerstags-Demonstrationen« versammelten sich an die 15 000 Menschen. Als dann auch noch Adolf Hitler persönlich (es war der täuschend echt verkleidete Schauspieler Hubsi Kramar) einer Limousine entstieg und freundlich grüßend die Staatsoper betrat, war einer der atemberaubendsten Momente der Ballgeschichte gekommen.

Ab dann vertröpfelten sich die Ausschreitungen, bis 2010 gar keine Opernballdemonstration mehr stattfand (vielleicht auch aus Pietät vor dem letzten Holender-Ball). 2011 demonstrierten sechs Personen von der satirischen Plattform »Freunde des Wohlstands« an der Ecke Kärntner Straße/Mahlerstraße gegen die »Proletarisierung des Festes«. Und das mit Tafeln, auf denen Parolen wie »Unsere Oper ist kein Bunga-Bungalow« und »Proleten raus aus unserem Opernhaus« zu lesen waren – diese richteten sich gegen den Ballgast Ruby (**Lugners Gäste**). Medien und Exekutive konnten sich amüsiert entspannen.

2016 waren es immerhin neun Personen der Kommunistischen Jugend Österreichs – wohl eher Familientreffen als Kundgebung. 2017 und 2018 fanden wieder größere Demos statt (zum Teil unter dem guten alten Motto »Eat the Rich – Kaviar für euch, Krise für uns!«), 2019 wurde abermals pausiert.

Die Empörung gegen den Opernball hatte sich ab 2008 auf ein anderes Tanzfest verlagert, nämlich den Burschenschafterball, auch Wiener Akademikerball genannt. Bei diesem treten die Spitzen der FPÖ zusammen, unter denen sich aber relativ wenige Akademiker befinden (wovon Slogans wie »Unser Daham« beredtes Zeugnis ablegen).

Opernball Orchester, das

Seit 1982 besitzt der Opernball ein gleichnamiges Orchester. Der Bratschist Wolfgang Jelinek (dessen Großvater laut Johannes Kunz noch unter Johann Strauss persönlich gespielt hatte) war der Gründer, Uwe Theimer dessen erster Chefdirigent, Andreas Spörri leitet es nun seit über einem Jahrzehnt bei den feierlichen Balleröffnungen. Der Herr ist, wie sie richtig vermuten, Schweizer, er wurde sogar in Rufweite der Habsburg geboren, was ihn natürlich für das pseudo-imperiale Event prädestiniert.

In nicht weniger als 36 Länder (alphabetisch gesehen: von Abu Dhabi bis USA) hat es das Opernball Orchester verschlagen, zumeist zur Untermalung von, Sie haben es erraten, (Wiener) Opernbällen.

Orden, der (besser: die)

Sichtbar zu tragende Auszeichnungen sind für männliche Ballbesucher geradezu ein Muss, ist doch der Opernball das Fest der Sichtbarkeit. In seinem Essay *Ich habe eine Auszeichnung bekommen* philosophierte (neuerdings wohl: filosofierte) Hugo Wiener, was er denn mit der gewonnenen »Pletschn« (das ist ein wienerischer Ausdruck für Orden, den Wiener nicht verwendete) anfangen sollte: »Ich hab's! Auf den Opernball könnte man gehen. Auf den Nobel-FKK-Strand, wo man sich ohne Auszeichnung nackt fühlt, und wo man sich auch mit nur *einer* Auszeichnung nicht ins Wasser wagen darf, weil man glatt untergehen würde.« (Da haben wir's. Deshalb der Klammerbegriff oben: »besser: die«.)

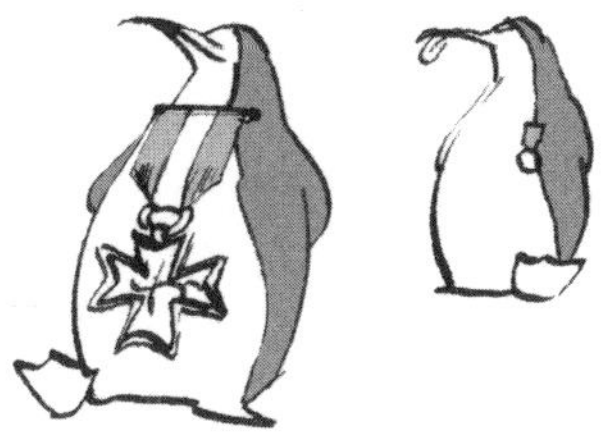

Wie unerträglich bescheiden Freund Hohenlohe sein kann, erwies sich unter anderem beim Ball anno 2015. Es war der Erste, der uns beide als Ordensträger hätte outen können. Kari hatte seine Auszeichnung schon 2013, ich die meine 2014 erhalten, nun wäre es an der Zeit gewesen, die Ehrenden (bei ihm der Bund, bei mir das Land Wien) durch sichtbare Anbringung der respektiven Pletschn (das Wort ist einfach zu schön) zurückzuehren. Beim Philharmonikerball, den wir mit einem gemeinsamen Abendessen samt Ehefrauen eröffneten, schlug Martina Hohenlohe ihrem ordensscheuen Prinzgemahl vor, er möge seine Auszeichnung doch an der *Innenseite* des Fracks anbringen. Dann könnten wir durch kurzes Öffnen unserer Fräcke wie noble Exhibitionisten das Ehrengold aufblitzen lassen. Ich fand sogar ein geeignetes Grillparzer-Zitat, mit dem wir das untermalen müssten. Ein gewisser Rudolf äußert in *Ein Bruderzwist in Habsburg*: »Die Welt verlangt den Schein. Wir beide nur, wir tragen innerhalb des Kleids den Orden.« Aber der bockige Hohenlohe verweigerte die Mitnahme seines Ehrenzeichens.

Die Chance wurde zwischen 2015 und 2020 also vertan. Vielleicht beim nächsten Mal?

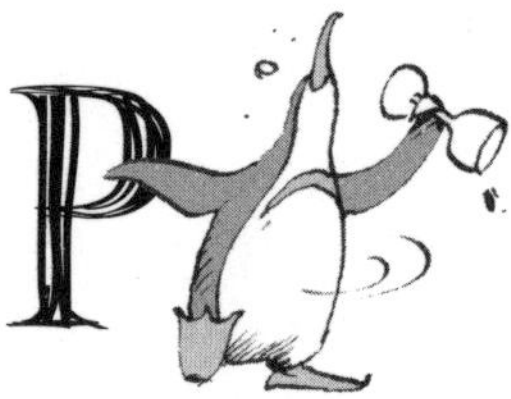

Parkett, das

Eigentliches Zentrum des Opernballs. Vor Beginn versperren die Kordelsteher pflichtgemäß den Besuchern die Sicht auf das Eröffnungsprogramm. Wenn der Maître de Plaisir (oder irgendjemand anderer) die Worte »Alles Walzer« ruft, lösen sich die Kordelsteher schlagartig in Luft auf und die Zurückgehaltenen strömen auf das Parkett. Es findet beim Tanz, der Balz, aber auch beim Raufhandel Verwendung und wird in den Morgenstunden mitunter als schwankend wahrgenommen.

Prawy, Marcel

Menschen meines Jahrgangs erinnern sich noch an den unübertrefflichen »Opernführer der Nation«. Diese (nicht übertragbare) Berufsbezeichnung hat mich immer ein wenig stutzig gemacht, denn einem anderen »Führer« genannten Herrn hatte es Prawy zu verdanken, dass er sich mehrere Jahre nicht in seiner Heimat Österreich aufhalten durfte. Marcel war aber nicht nachtragend, hat sich hierher zurückbegeben und an der Volksoper das Musical eingeführt. Die erste Premiere des Genres, *Kiss me, Kate*, erfolgte im Februar 1956, also zur Zeit des ersten Nachkriegsballs. Prawy erschien mit einem der Stars dieser Produktion, der bezaubernden afroamerikanischen Sängerin Olive Moorefield, die sich vor Kavalieren kaum retten konnte.

Als Chefdramaturg der Staatsoper besuchte Professor Prawy diese leidenschaftlich, wenn Oper gespielt wurde, der Ball hingegen gehörte nicht zu seinen Vorlieben – ich kenne niemanden, der ihn je tanzen gesehen hätte. Beim Künstlereinzug anno 2002 nahm der hochbegabte Hochbetagte teil, ich kommentierte damals: »Hier ist der Opernführer, seinerseits geführt von Senta Wengraf.«

Marcel Prawy ließ grundsätzlich nie locker, auch nicht in der Forderung, dass niemand anderer als die Wiener Philharmoniker (alias Staatsopernorchester) bei der Eröffnung spielen dürften – dies wurde erst von Direktor Dominique Meyer 2011, also acht Jahre nach Prawys Ableben, verwirklicht.

Obwohl Jahrgang 1911, überblickte Prawy die gesamte (Wiener) Operngeschichte. Der Journalist Karl Löbl ging sogar so weit, zu behaupten: »Wenn man ihm zuhört, glaubt man, er hat alle Opernuraufführungen Verdis erlebt – und zwar nicht Giuseppe, sondern Monte-.«

In seinem sehr persönlichen Buch über die Wiener Oper lieferte Prawy eine plastische Beschreibung der ersten Hofopernsoiree (der er in einer früheren Reinkarnation sicher beigewohnt hat): **diese!**

Proben, die

Christl Schönfeldt hat die Probenhistorie der Opernredouten genau erforscht: »Die Proben für Ballett und Jugendkomitee fanden am Balltag selbst zu mittäglicher Stunde statt. Da das Jugendkomitee damals in Kostümen tanzte, mussten eigentlich alle Schule und Vorlesungen schwänzen oder sich einen freien Tag im Büro nehmen.«

Heutzutage wird auch noch viel geschwänzt, aber wenigstens haben die jungen Herrschaften opernballtagsüber frei. Am Sonntag vor dem Ball wird die Hauptprobe im Mahler-Saal abgehalten (da versuchen Kari & Christoph verzweifelt, sich zu gewissen Namen gewisse Gesichter einzuprägen, die dann mit Schminke und Frisur erst wieder anders aussehen). Die Generalprobe am Vorabend des Balls wird für Publikum geöffnet. Es herrscht allgemeine Rührung, und man klatscht nach dem Eröffnungs-Linkswalzer grad so, als wär' es schon der echte Ball.

Q

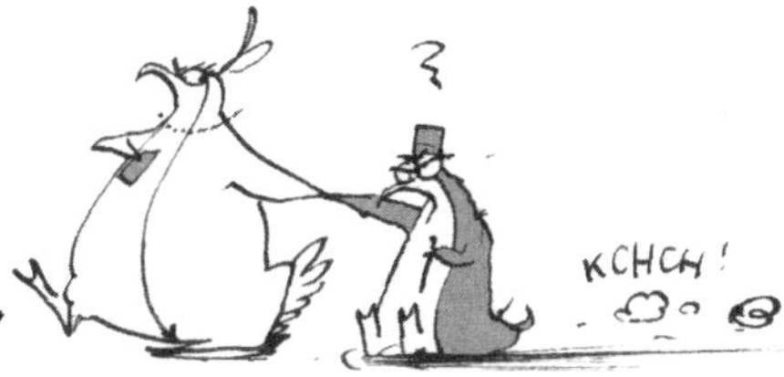

Quadrille, die

Hat nichts zu tun mit der Affenart Mandrill und wird auch anders ausgesprochen. Ob sich manche an der Quadrille Beteiligten allerdings wie Affen aufführen, wage ich nicht zu beurteilen.

Der Begriff kommt natürlich schon wieder von den Franzosen, bezeichnet alle möglichen Kartenspiele und auch eine Reitformation (was hier unbehandelt bleiben darf), aber vor allem einen Tanz. Eigentlich einen für acht Menschen, beim Opernball können es auch 800 sein (während Kari & Christoph im Kammerl die rare »Zweier-Sitzquadrille« exekutieren).

Hochberühmt ist die Mitternachtsquadrille, vor der man eigentlich nicht heimgehen darf. Das TV zeigt zu Klängen der *Fledermaus* dann entweder eine Totale, bei der man Einzelversagen nicht genau feststellen kann, oder aber Großaufnahmen, die durch waghalsige Stunts von Wolfgang Hirschl zustande kommen. Er ist »Erster Kameramann« des ORF, was aber nicht bedeutet, dass die Fernsehanstalt vorher keinen hatte.

Auf Wikipedia fand ich den bezaubernden Satz: »Nach Bedarf wird die Quadrille nach Mitternacht zu späterer Zeit wiederholt.« Der Bedarf besteht beim Opernball unbedingt, deshalb folgen um 2 und 4 Uhr früh für die ganz Abgebrühten weitere Durchgänge.

Wenn wir schon in Hörweite des Ballschlusses sind, behandeln wir diesen doch gleich. Traditionellerweise endet der Ball so wie das Neujahrskonzert: *Donauwalzer* und *Radetzky-Marsch* erklingen. Nur gibt's dann zum guten Ende noch *Brüderlein fein* aus Raimunds *Der Bauer als Millionär* um 5 Uhr früh.

Qual, die → Damenwahl

R

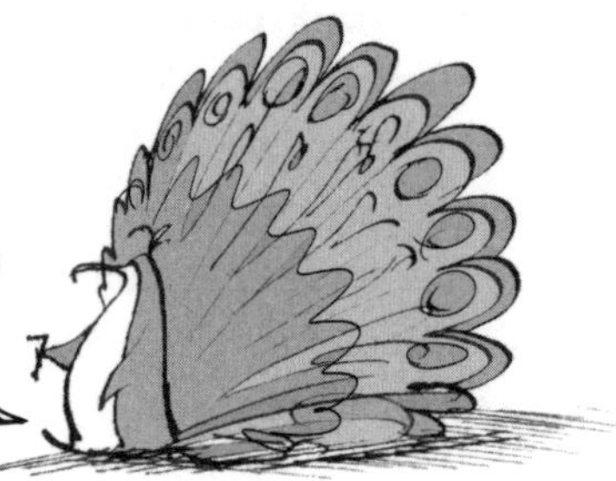

Rauchverbot, das

In den 1960er-Jahren konnten noch blumige Bilder wie das folgende verwendet werden: »Man ist unter sich und doch unter allen. Man sieht und wird gesehen, plaudert im eigenen Kreise, flirtet zur Nachbarloge und ist umhüllt von einem Haus, das Tradition ausatmet wie ein längst geleertes Zigarrenkisterl feinen Havannaduft.« Damals schmauchten und qualmten vom kleinen Steuerzahler bis zum Staatsgast Ludwig Erhard die Ballbesucher ungeniert auf Gängen und in Logen. Mittlerweile werden Zigarrenkisterln und Zigarettenpackerln in geschlossenen Räumen wohl versteckt und von einer verachteten Minderheit vor den Toren herausgefingert.

2005 verhängt, trieb das Rauchverbot Gäste aus der Weite des Ballvergnügens in die Enge erlaubter Zonen oder an nicht glimmende Nikotinersatzstängel. Kleiner Trost für große Raucher (vom Direktor bis hinunter zum Kommentator – beide mittlerweile weitgehend rauchfrei) war: »Betriebsräume« (wie das Direktionsbüro oder das Kammerl) waren vom Rauchverbot ausgenommen. Mancher Ballgast (mein Rechtschreibprogramm versucht, dieses Wort in »Ballast« zu ändern, aber ich lasse es nicht zu) widmete 2005 vor der Kamera beherzt seine Loge zum Betriebsraum um; so sah man einen hochrangigen vollbärtigen ORF-Sportredakteur (mehr Hinweise kriegen Sie nicht!) seinen Zigarrenrauch unbeirrt in die Kamera blasen.

Seit der Saison 2008/2009 besteht in der Wiener Staatsoper ein generelles Rauchverbot – für den Opernball wurden jedoch für Notfälle Raucherbars eingerichtet, wo man es sich in stickiger Umgebung so richtig gemütlich machen konnte. Mittlerweile werden die Sünder in ein ihnen fremdes Element verbannt: in die frische Luft.

Kari & Christoph verdankten dem Rauchverbot prominente Besucher im Kammerl (**dieses**).

Rausch(en), der beziehungsweise das

Gibt es eine Bildstörung, dann setzt »weißes Rauschen« ein. Das ist der ultimative Albtraum jedes an der Ball-Übertragung Beteiligten und kann den Begriff »rauschende Ballnacht« nicht erklären. Warum gehen Ballnächte mit diesem schmückenden Beiwort einher? Sind es die Roben, die vermeintlich das Geräusch (oder Gerausch) eines Bergbaches aussenden? Täten sie es, dann könnte man es im allgemeinen Krach jedenfalls nicht vernehmen. Sind es die sprudelnden alkoholischen Getränke, die bei nächtlichen Spaßveranstaltungen gerne konsumiert werden? Ist es der »Blätterwald« (alias Printmedien)? Aber der rauscht vor- und nachher, keineswegs aber während der Abhaltung eines Balls.

Hugo Wiener bietet am Schluss seines schon zitierten Textes (**Orden**) eine mögliche Variante. Er hat den Ball versäumt, weil seine Frau nach einer Migräne-Attacke eingeschlafen ist: »Es blieb mir nichts übrig, als ebenfalls zu Bett zu gehen. Schlafen konnte ich nicht. Ich hörte, wie unser Nachbar nach Hause kam – es war Mitternacht. Er schien das Verlangen nach einem Bad zu haben. Sein Badezimmer grenzt an unser Schlafzimmer. Er ließ das Wasser in die Wanne rinnen. Es rann und rann und rann und rann … Auf diese Weise wurde die Nacht doch noch zu einer rauschenden Ballnacht.«

Tja, und der Rausch gehört natürlich zur Ballnacht dazu, jener der Farben, der Gerüche, der Eindrücke, der Klänge ... und nicht zuletzt jener, auf den sich das alte österreichische Sprichwort bezieht: »Jede Freude ohne Alkohol ist künstlich.«

Red Carpet, the

Nicht zu verwechseln mit Rett, Barbara oder »Red Sonja« Brigitte Nielsen (Letztere **Lugners Gäste**). Bereits seit 2500 Jahren in Mode, als Agamemnon über einen solchen ging. In Österreich schon vor dem Opernball bekannt: Als US-Präsident Gerald Ford Anfang Juni 1975 per Flugzeug Wien besuchte, rutschte er auf der regennassen Gangway aus und stürzte beinahe auf den Teppich, wo ihn der ebenfalls rote Bruno Kreisky erwartete. Näher als Ford ist dem Carpet nur Papst Johannes Paul II. gekommen, als er ihn (absichtlich) küsste.

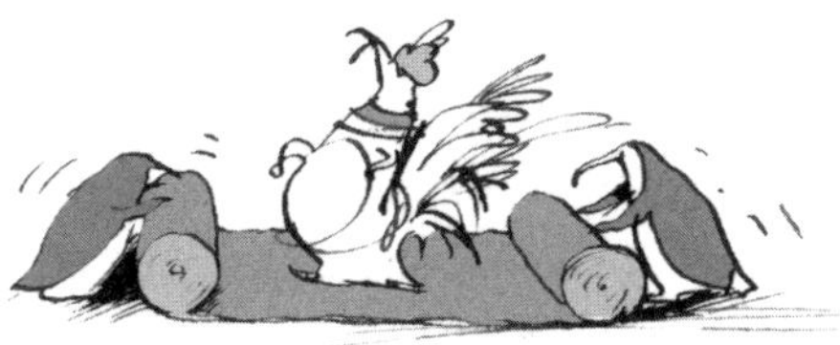

Ballmutter Desirée Treichl-Stürgkh (**diese**) erfand den Red Carpet für den Ball, um die langwierigen und gefährlichen Staus auf der Festtreppe der Staatsoper zu entschärfen. Als dem Hause vorgeschaltete Spielwiese für Super-, Semi- und Möchtegernpromis samt den an ihnen interessierten Fotograf*innen und TV-Teams hat der Red Carpet gute Dienste geleistet. Es handelt sich dabei um mehr als einen Teppich, nämlich um eine große rote Schachtel, die auch die Begrüßungskapelle für den Bundespräsidenten einigermaßen wetterfest beherbergt. Kari & Christoph äußerten letztens: »Durch diese rote Schachtel muss sie kommen, die Prominenz, oder jene, die sich zu ihr zählen.«

Redouten, die

So genannte Ballfeste gab es schon ab Beginn des 18. Jahrhunderts in den gleichnamigen Sälen. Die erste Redoute in der Hofoper fand am 2. März 1878 unter der musikalischen Leitung des amtierenden k. k. Hofballmusikdirektors Eduard Strauss (der »fesche Edi«, wie er wegen seines Schnurrbarts genannt wurde, hatte seinen Bruder 1872 abgelöst) statt.

Ein Jahrzehnt später war man buchstäblich geblendet von einer epochalen Neuerung: der elektrischen Beleuchtung. Die *Neue Freie Presse* jubelte: »Es schien, als ob die geheimnisvolle Kraft, welche in der blendenden Lichterscheinung ruht, auch die große Gesellschaft durchströmte und belebte, welche sich zu fröhlichem Faschingsthun vereinigt hatte. Unsere öffentlichen Zustände sind zwar bei Tag etwas hektisch, aber in der Karnevalsnacht werden wir elektrisch.« (Es rührt mich immer, wenn Chronisten vor 120 und mehr Jahren die »hektische« Schnelllebigkeit ihrer Zeit thematisieren ...)

Ein Plakat von der Redoute am 31. Jänner 1891 zeigt nicht nur, dass die Ballmusik abermals »unter persönlicher Leitung des Hofballmusik-Direktors Eduard Strauss« stand, sondern auch, dass die Verpflegung (**diese**) in den Händen noch heute wohlbekannter Namen lag: »Credenz von A. Gerstner, k. und k. Hof-Zuckerbäcker. Buffet von Eduard Sacher, k. und k. Hof-Lieferant.«

Am 10. September 1898 war Elisabeth von Österreich alias Sisi (bitte mit einem »s«!) in Genf ermordet worden. Die Hoftrauer verbat der Kaiserfamilie und der Hocharistokratie, der Redoute 1899 beizuwohnen, aber diese fand – unter enormem Gedränge, wie die Zeitungen berichteten – dennoch statt.

Bei der nächsten Redoute in der Oper war von »Hof-« schon keine Rede mehr. 1921 befand man sich bereits in den engen Republiksgrenzen eines »Rumpfstaates« (manche empfanden ihn wohl als Schrumpfstaat) – umso grenzenloser musste natürlich gefeiert werden! Berühmte Künstlerinnen und Künstler wie Lotte Lehmann, Hedwig Bleibtreu oder Alfred Piccaver gaben sich ein Stelldichein, Alfred Roller schuf für die Ausgabe des Jahres 1924 einen »exotisch-phantastischen Lichtraum« und die *Wiener Zeitung* hatte viel Musik- und Modekritisches zu berichten: »In der Festloge konzertierte die Kapelle Hummer; im Bühnenfond die Kapelle Domansky. Sie spielen an der Stätte der Musikklassiker scheußliche Shimmys, noch scheußlicheren Jazz. Hin und wieder auch einen Walzer. Auch sonst ist allerorten im hell erleuchteten

Hause Musik. Das große Stiegenhaus ist erfüllt von den Klängen einer Kapelle, die auf der Loggia der dritten Galerie postiert ist. Im Kaiserfoyer eine Salonkapelle ... Das Bild des Abends ist beherrscht von hellen, grellen Farbtönen. Die Damen tragen flimmernde, gleißende Roben, viel Straß. Ihre Köpfe mit weißen, roten, grünen oder lila Perücken sind mehrfach bizarr, grotesk, barbarisch bunt. Die Herren sind fast durchwegs mit Zylinder und Stock erschienen, die unkleidsame Röhre kommt die Nacht hindurch nicht vom Kopfe ...«

Dazu ist anzumerken: Ein kluger Musikforscher hat zur 1905 uraufgeführten *Lustigen Witwe* formuliert, dass der Walzer in der Operette nun nicht mehr Hausherr, sondern Untermieter war. Das hatte sich in den eineinhalb Jahrzehnten bis zur ersten Nachkriegsredoute nicht »gebessert«. Jazz-Spezi Johannes Kunz zählt in seinem Opernballbuch liebevoll die neuartigen Tänze und Musikformen wie Cakewalk, Ragtime, Foxtrott, Castle Walk, Charleston sowie zahlreiche südamerikanische Typen auf, die hier aus Platzgründen nicht besprochen werden. (Nur so viel: Kari glaubt bis heute, dass beim Cha-Cha-Cha in die Hände geklatscht wird ...) Und ein Zitat aus Karl Kraus' *Die letzten Tage der Menschheit* sei angebracht. In einem Tanzlokal findet folgendes Streitgespräch statt: »One-Step!« – »Tepp!« – »Spielt's an Walzer, mir san in Wean!«

Und: Die Redouten hatten offenbar mehr die Anmutung eines Kostümfestes – zumindest für die Damenwelt, die bis Mitternacht maskiert war, während Herren im Zylinderschmuck wohl kaum das Tanzbein schwingen konnten!

Bis 1929 hielten sich die Redouten, dann wurde, nach einem weiteren mehrjährigen Intermezzo, der neue Zauberbegriff geboren: Opernball.

Roben, die

Sie werden mit nur einem »b« geschrieben und sind deshalb keine Tiere, sondern Kleider. Getragen werden sie von Frauen, die beim Opernball »Damen« genannt werden. Früher war der Begriff »Soirée-Toilette« gebräuchlich, in unseren doch etwas heruntergekommenen Zeiten könnte man diesen jedoch als »Abendhäusel« missverstehen, deshalb wird er nicht mehr verwendet.

Noch eine sprachliche Klärung: Der Begriff »Garderobe« (übersetzt etwa »Kleiderwacht«) bezeichnet sowohl die Aufbewahrungsstätte vorübergehend nicht benötigter Kleidungsstücke und Accessoires, wie Schirme und Plastiksackerln, als auch die getragene Kleidung selbst.

Fred Adlmüller (1909–1989), aus Nürnberg stammender Modeschöpfer, war über Jahrzehnte für viele Roben, so auch jene der Ballmutter Lotte Tobisch (**diese**) verantwortlich. Er entwarf aber nicht nur in selbstloser Weise Toiletten für Damen, sondern zeigte sich auch Jahr für Jahr von ihnen (nämlich den Damen samt ihren Toiletten) beeindruckt und gab diesem Gefühl in immer denselben Worten bei TV-Interviews Ausdruck.

Die Zeiten waren früher in Sachen Dresscode überraschend locker. Christl Schönfeldt erinnerte sich: »1970 waren plötzlich Abend-Hosenanzüge der letzte Schrei. Die großen Couturiers entwarfen und verkauften sündteure Modelle, etliche davon wurden auf dem Opernball getragen. An diesem Abend gelang einem Photographen eines der amüsantesten Bilder: Frau Renate Wiesenthal in einem außergewöhnlich aparten Hosenanzug im Tanz mit Mr. David Walker – im Kilt!«

Ebenfalls eine modische Revolution bedeutete das Eintreten des Malerfürsten Ernst Fuchs in den Kreis der Ballbesucher: »Die Kleider, manchmal auch der Schmuck seiner Frau sind Entwürfe von ihm, die meist großes Aufsehen erregen« (Schönfeldt). Besagte Eva erschien einmal in einer sehr schlichten hellblauen Robe, deren Seitenschlitz über der Hüfte endete, was wiederum auf das Fehlen von Unterwäsche schließen ließ. Im Interview deponierte sie Grundlegendes zum Thema: »Wannst a guate Figur hast, kannst a jedes Kladl tragen.«

Debütantinnen kleiden sich in unschuldiges Weiß, die Roben der restlichen Besucherinnen sind vielfarbig, im Gegensatz zum gemeinhin fantasielos schwarz-weißen Frack (**dieser**). Die Robenfarbe lässt keine Rückschlüsse auf die Trägerin zu; so hüllte sich Frau Weichsel*braun* 2015 in Pastell*blau*, Frau Rett (trotz Namensähnlichkeit mit dem Carpet) in Jagd*grün*.

NB: Trägerlose Kleider sind auf dem Opernball verbreitet, trägerinnenlose Kleider wurden, ebenso wie Robben, hier noch nie gesichtet.

Rubinowitz, Tex

Zeichnerkollege des hochverehrten Michael Pammesberger (der dieses Büchlein mit seinen Werken erst so richtig erträglich macht), muss hier wegen einer Karikatur aus dem Jahre 2008 Erwähnung finden. Im Bild war mein geschätzter Kommentatorenkollege zu erkennen und daneben stand: »Was bleibt vom Opernball? Der Mann mit der Teppichbodenfrisur, KARL HOHENLOHE, hatte einen Frack mit NACKENSTAU«.

Danke, Tex.

S

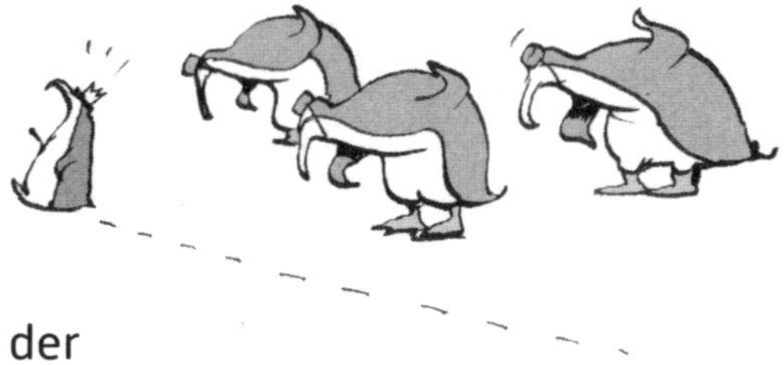

Schah, der

Nicht mehr existierender persischer Kaiser, dessen Genitiv-Form vermieden werden sollte.

1964 gab es ihn nicht nur noch, sondern er wollte auch Ballluft (schon wieder ein Wort mit drei »l«!)

schnuppern. Kurz vor den Olympischen Winterspielen in Innsbruck machten Schah Reza Pahlavi und seine Frau Farah, geborene Diba (ihr offizieller Titel Schahbanu lässt an eine Königin der Küchenschaben denken, was aber trügt), in Wien Station, wo sie Mozarts *Don Giovanni* besuchten und dasselbe mit dem BallderBälle [sic!] tun wollten. Alles war bereit, als sich herausstellte, dass am Tag des Festes, dem 6. Februar 1964, auch der Todestag von Mohammed Ali zu beweinen war. Dabei handelte es sich natürlich nicht um den als Cassius Clay geborenen Weltklasseboxer, der in jenen Jahren noch springlebendig um sich schlug, sondern um den längst verblichenen Schwiegersohn des Propheten Mohammed. Da hatte sich ein persisches Staatsoberhaupt nicht in Wien zu vergnügen – der allerhöchste Ballbesuch fiel flach.

Schönfeldt, Christl

(Ja nicht Christel!) Bemutterte in unnachahmlicher Manier (streng und nobel, herzlich und diskret zugleich) die ersten 25 Nachkriegsopernbälle von 1956 bis 1980. Sie war Ehefrau, später Witwe des echten Grafen Rudolf Hornegg (das war sein TV-Pseudonym für die Sendung *Quiz 21*, wo er uns den Begriff »kleine Mischkulanz« schenkte), Trägerin eines echten Doktortitels und zahlloser ehrender Auszeichnungen. Journalist Günther Allinger notierte noch vor deren Überreichung: »Wären Blumen militärische Orden und diese Frau ein Mann, dann wäre Dr. Christl Schönfeldt zweifellos der meistausgezeichnete Soldat Österreichs.«

Im Jahre 1937 hatte sie noch als blutjunge Schülerin Christl Arnold den Opernball eröffnet. (Ebenfalls dort gesehen wurden unter anderen der aus Linz gebürtige Opernstar Richard Tauber und die Wiener Schauspielerin Hedy Kiesler, die unter dem Namen Hedy Lamarr bald Weltgeltung erwerben sollte). Damit war für Christls wichtigste Nachkriegsaufgabe der autobiografische Grundstein gelegt. Zunächst »Ballsekretärin« der Wiener Philharmoniker, die ihr erstes Nachkriegsfest im Musikvereinsgebäude im Jänner 1954 abhielten, wurde sie Assistentin des Operndirektors Karl Böhm und übernahm auch, von dem vorkriegserfahrenen Willy Fränzl (**dieser**) begleitet, die »Erfindung« des ersten Balls 1956 (unter anderen hat Lisl Hörbiger alias Elisabeth Orth eröffnet). Ihr zweiter, 1957, war dank der Ungarnkrise halb leer, aber schon ab dem dritten konnte sie nur mehr Erfolge verbuchen.

Sie hat alle Politiker, alle wichtigen Künstlerinnen und Künstler und sogar (Premiere und Derniere zugleich) 1978 einen echten König zu Gast gehabt. Juan Carlos von Spanien blockierte samt Königin Sofía die ganze Nacht die Mittelloge; sie lauschten zu Beginn dem *Spanischen Marsch* von Johann Strauss Sohn und tauschten Höflichkeiten mit dem unbeirrbaren Republiksfan Bruno Kreisky aus. Das Königspaar wagte auch ein Tänzchen – die Fotografen gewannen.

Christl Schönfeldt berichtet in ihrem lesenswerten Opernballbuch mit Augenzwinkern über ihre Bekanntheit, die jedoch nicht überall herrschte: »Drei Kuverts. 1. ›Frau Dr. C. Schönfeldt, Wien.‹ 2. ›Frau Dr. Opernball, Wien.‹ Beide kamen an. 3. Frau Dr. Christl Schönfeldt, Bundesministerium für Unterricht, Wien.‹ (Das ist meine oberste Dienststelle.) Darüber ein Stempel: ›Unbekannt. Zurück an den Absender.‹ Er hat es dann per Adresse Oper versucht. Diesmal mit Erfolg.«

Schuhe, die

Man geht nicht mehr ohne Schuh, und ohne einen solchen tanzen tut man höchstens am Strand, nicht aber beim Ball. Dafür wählt man möglichst schöne, also unbequeme. Wieder Hugo Wiener: »Ich kaufte mir neue Lackschuhe, sie drückten mich schon in der Schachtel.«

Es gibt Fachgeschäfte für Tanzschuhe (auch hochhackige), aber das ist in der feinen Welt nahezu unbekannt. Deshalb glauben viele Damen, für die Schönheit ihrer (unter den Roben unsichtbaren) Schuhe leiden zu müssen. Für müde Füße bietet die Ballorganisation deshalb seit einigen Jahren Erholung in Gestalt von »Ballerinas«, das sind salonfähige Hauspatschen. Diese Low-Heels sind fraglos eine der sinnvollsten Ballspenden (**diese**) aller Zeiten.

Skandale und Fauxpas, die

Für die Teilnehmer*innen der Opernballdemo (**dieselbe**) ist der Ball an sich ein Skandal. Dürfen in Zeiten von Not, Hunger und Kriegen (und wann haben wir je andere Zeiten erlebt?) solche Feste der Reichen überhaupt stattfinden? Nun, Äußerungen der Lebensfreude, auch zu hohen Eintrittspreisen, müssen meiner Ansicht nach stattfinden dürfen. Die Tatsache, dass alljährlich ein Ball in der Wiener Staatsoper abgehalten wird, kann ich also noch nicht als skandalös erachten.

Was aber wird im Rahmen des Opernballs gemeinhin als Skandal oder Fauxpas klassifiziert? Grobe oder mittelgrobe Störungen der Etikette, die den Anwesenden, vor allem aber dem Publikum zu Hause, sauer aufstoßen und, je nach Schwere des Vergehens, mehr oder weniger lang im Gedächtnis haften bleiben und für Wirbel sorgen.

Letzteres tat – und damit kehre ich gleich vor der eigenen Kammerltüre – mein Satz: »Auf der Tanzfläche befindet sich auch ein gesunder Chinese.« Das sagte ich bei der Live-Übertragung am 20. Februar 2020, also zu einem Zeitpunkt, als von »Pandemie« noch keine Rede war. Ein Shitstorm im Wasserglas war mein Lohn, eine Handvoll Benutzer sozialer Medien ziehen mich eines rassistischen Ausfalls, der aber gewiss nicht in meiner Absicht lag. Meine Sünde beförderte mich für einen Tag auf die Titelseite der *Kronen-Zeitung*, ganz unten, neben den Schlagzeilen

»Anklage nach Mord mit Sparstrumpf« und »Lehrlinge gesucht«, der bezahlten Anzeige einer Supermarkt-Kette.

»Faux pas« ist Französisch und bedeutet »falscher Schritt«. Einen solchen tat der offizielle österreichische Begleiter der Prinzessin Caroline von Monaco beim Ball anno 1990. Er stieg der an sich schon nicht blendend gelaunten, weil von Paparazzi und Kamerateams gehetzten, Durchlaucht aufs Kleid und beschädigte dadurch nicht nur dieses, sondern auch die Feierbereitschaft seiner Trägerin. Caroline verbrachte die Ballnacht grimmig blickend und kettenrauchend (das war damals noch erlaubt) in der Loge. Ihre Stimmung war ins Bodenlose gefallen, worauf der Opernball nicht stolz war.

Beim Opernball 2004 sorgte Renato Zanella, scheidender Ballettdirektor und auch letztmaliger Choreograf der Tanzeinlage, für einen unerwarteten Striptease: Die Herren Tänzer steckten sich Clownnasen ins Gesicht, ließen dann auch noch die Hosen fallen und standen auf dem Höhepunkt der Einlage plötzlich in Shorts da. Direktor Holender war not amused, weil angeblich auch »mehreren Sponsoren« der harmlose Unten-Ohne-Moment missfallen hatte.

Noch eine Legislaturperiode zurück: Im Jahre 2000, die schwarz-blaue Regierung war angelobt und »debütierte« beim Ball der Bälle, entstieg einer vorfahrenden Limousine der Gewinner eines Adolf-Hitler-Ähnlichkeitswettbewerbs (**Opernballdemo**).

Als »Fauxpas« sondergleichen erachtete ein Leserbriefschreiber, dass der Bundespräsident beim Opernball 2020 anstelle der österreichischen eine lettische Schärpe trug. Der Mann muss nicht nur mit ausgeprägtem Flaggenbewusstsein, sondern auch mit einem Adlerauge ausgestattet sein, denn die österreichischen Nationalfarben sind rot-weiß-rot, die lettischen hingegen rot-weiß-rot, aber mit einem etwas schmäleren Weißbereich. Damit ist schlagend bewiesen, dass sich ein Fauxpas zu großen Teilen im Auge des Betrachters abspielt.

Springer, Georg

Nicht allen ist präsent, dass zwischen Lotte Tobisch (**diese**) und Elisabeth Gürtler (**jene**) von 1997 bis 1999 eine männliche Opernballmutter amtierte. Begabt mit einer Bassstimme und einigen Eigenschaften, die man im Ausland für typisch wienerisch hält (ob man sie mag oder nicht), war Dr. Springer ganzjährig für Feierlaune zu haben. Das trug ihm den Ehrentitel »Flamingo« ein, was nicht recht zu seinem Körperbau passen wollte. Allerdings konnte sich der Bundestheater-Generalsekretär auf zwei versierte Damen aus dem Opernballbüro stützen, welche einen Großteil der Arbeit erledigten: Lee Fritz und die lang dienende, allseits bewährte Eva Dintsis.

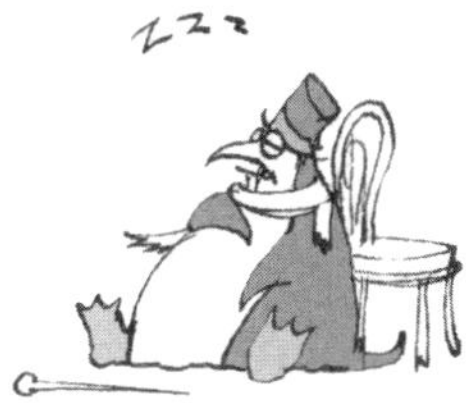

Strauss, Johann

Davon gab es komponierende zwei, nämlich Vater und Sohn. Während auf Ersteren der *Radetzkymarsch* zurückgeht, stammt von Letzterem *An der schönen blauen Donau* (**diese**). Während Ersterer von Ersterem beim Opernball kaum eine Rolle spielt, tut Letzterer von Letzterem das sehr wohl, ebenso wie einige andere der zahllosen (wohl an die hundert, bitte ersparen Sie mir das Nachzählen) Walzer, die der gleichnamige König verfasst hat. Die *Fledermaus-Quadrille*, ein Potpourri aus beliebten Melodien dieser Operette, hat bei den Massentänzen, die im Laufe der Ballnacht angesagt werden, ebenfalls einen festen Platz. Apropos *Fledermaus*: Der Ball des Jahres 1974, hundert Jahre nach Uraufführung der Operette, hatte einen eigenen »Fledermaus-Saal« zu bieten. Schon der zweite Opernball im Jahre 1936 hatte das Motto »Ball bei Johann Strauss« getragen: Der »erste Mimiker der Staatsoper [Adolf] Nemeth« zog in der Maske des Walzerkönigs, »begleitet von den Figuren, die er geschaffen hat«, unter großem Jubel im Saal ein, wie die Zeitschrift *Wiener Bilder* berichtete.

Beim allerersten Opernball, der verwirrenderweise 1873 im Wiener Musikverein stattgefunden hat, wurde der Strauss-Walzer *Wiener Blut* uraufgeführt, der bei den heutigen ORF-Übertragungen gerne als Eingangsmusik verwendet wird.

Zudem ist Johann Strauss Sohn bei den Wiener Hofopernsoireen und Redouten wiederholt selbst aufgetreten, war er doch ab 1863 Hofballmusikdirektor. Sein Lebensende wurde ebenfalls von einem Auftritt an der Hofoper eingeleitet: Am 22. Mai 1899 dirigierte Strauss anlässlich einer Aufführung seiner *Fledermaus* an diesem Hause die Ouvertüre. Offenbar war es zugig im Orchestergraben, denn zehn Tage später ist der Meister verstorben. Dass in seinem Todesjahr die vorläufig letzte Opernredoute für über zwei Jahrzehnte stattfand, hatte aber nichts mit Gram über sein Ableben, sondern mit Sicherheitsbedenken zu tun (**Redouten**).

P. S.: Die nachweislich falsche Schreibweise »Strauß« wird bei den Bundestheatern nach wie vor aufrechterhalten, um Johann von Richard zu unterscheiden. Aber vielleicht findet sich da mal eine Lösung …

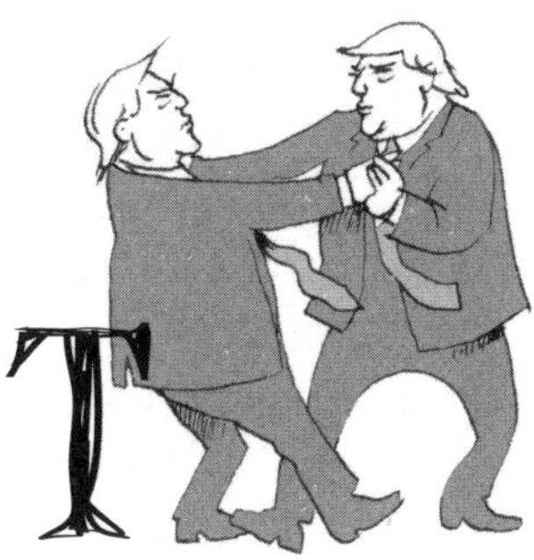

Tanz, der

Ist ein integraler Bestandteil bei jedem Ball (**dieser**), weil der italienische Begriff »ballo«, ich wiederhole mich gerne, nun einmal das bedeutet. (Dass »Ballerina« also »Tänzerin« heißt, möge bei Anhängern der Ballermann-Kultur keinen Schock verursachen.) George Bernard Shaw nannte Tanz »den vertikalen Ausdruck eines horizontalen Verlangens«. Und er meinte damit nicht das Liegen auf der Couch, um den Opernball in der »Glotze« zu verfolgen (**Jeannée, Michael**).

Tobisch-Labotýn, Lotte

Folgte auf Christl Schönfeldt als Opernballmutter. Ursprünglich Schauspielerin, war sie auf allen wichtigen Bühnen der Hauptstadt in Erscheinung getreten. Ihre bedeutendste Rolle spielte sie zwischen 1981 und 1996 auf der Weltbühne des Balls, allerdings nur einmal pro Jahr. Wechselte Briefe mit Theodor W. Adorno und später mit Staatsoperndirektor Holender, mit Ersterem jedoch lieber.

Sie verströmte altösterreichische Grandezza, war dem Neuen jedoch keineswegs abgeneigt. So führte sie beim Ball die Diskothek (im Untergrund), das Casino (im repräsentativen Schwindfoyer) und eine »Bohème-Bar« ein – mit nachhaltigem Erfolg, aber mit nicht geringem Gegenwind von jenen, die einen Untergang des Nobelfestes befürchteten.

Unter ihr debütierte 1982 das Wiener Opernball Orchester, Curd und Udo Jürgens erschienen (nicht zusammen), und auch der große Richard Burton. Von Wiener Dreharbeiten war der Brite schon etwas abgespannt, als er von einer Kamera in der Loge ertappt wurde. Rauchverbot gab es damals noch keines, und an ein Alkoholverbot hätte sich der Star wohl auch nicht gehalten.

1989 gastierten die drei Tenöre, aber etwas anders (weil das stadienfüllende Dreigestirn erst bei der Fußball-WM im darauffolgenden Jahr erfunden wurde): José Carreras, Plácido Domingo und der grazile Spanier Alfredo Kraus (er sang auch bei der Eröffnung) herzten die Opernball-Lady. Der italienische Wonneproppen Luciano Pavarotti war schon 1985 da gewesen.

Auch den hartgesottenen Alt-68er Claus Peymann hat der Charme dieser Opernball-Lady weichgekocht: Kaum Direktor des Wiener Burgtheaters, »sagte er in Gesellschaft, zum Opernball werde er sicher nie gehen. Ich [Lotte Tobisch] meinte daraufhin, sollte er zehn Jahre hierbleiben, würde ich erwarten, dass er kommt. Er schmunzelte und schlug ein. Und tatsächlich: Nach zehn Jahren war Peymann noch immer Direktor – und besuchte [1996] den Opernball!«

Ewige Wahrheit versprühte die Tobisch, als sie, nach Qualität und Niveau des Ballpublikums befragt, trocken feststellte: »5000 feine Leute gibt's auf der ganzen Welt nicht.« Zu ihrem Abschied erschien in der Schweizer *Weltwoche* eine poesiegeladene Hommage aus der Feder von Inge Santner (nachweislich nicht verwandt oder verschwägert mit Christoph und Maria, **Eröffnungschoreografie**): »Den alten Geheimrat aus Weimar hätte sie hell entzücken können [*Lotte in Weimar* ist ein Roman von Herrn Mann über den ollen Goethe – aber weder Thomas noch Johann Wolfgang kommen heute noch im Schulstoff vor]. Mit Felix Salten, Arthur Schnitzler, Egon Friedell hätte sie im Café diskutieren können. Einem Adolf Loos hätte sie erzählen können, daß der Mensch zum Wohlfühlen ein klein wenig Kitsch braucht. […] Was sie tut, tut sie mit Stil. Wenn sie lacht, glaubt man den Flügelschlag des Doppeladlers zu hören.«

Treichl-Stürgkh, Desirée

Die angeheiratete Gräfin Christl Schönfeldt ließ sich leidenschaftlich gerne so nennen. Lotte Tobisch war immerhin Enkelin eines geritterten Landesschulrats. Auch »DTS« ist ein echtes Blaublut (wenn auch nicht so blau wie Kari, aber immerhin aus gräflicher Familie) – sollte das jemanden interessieren. Dazu Bankiersgattin, dreifache natürliche Mutter und die erste Ballmutter, die jünger war als Hohenlohe (☞ **dieser**) und Wagner-Trenkwitz (☞ **jener**).

Als diplomierte Werbefachfrau arbeitete sie für Modejournale wie *Männer-Vogue* und *DIVA*, bevor sie selbst das Wohnmagazin *H.O.M.E.* samt zugehöriger Möbelmesse mitbegründete. Ioan Holender bestellte sie 2008 zur Gürtler-Nachfolgerin. Desi, wie manche sie nennen dürfen, sprühte, auch vor Ideen: Unter anderem sind eine mit beweglichen Fächern bewehrte Bar in der Schwindloggia und der Red Carpet (☞ **dieser**) auf ihrem, pardon, Mist gewachsen. Schon nach dem zweiten von ihr verantworteten Ball wusste sie, *Wie Sie mit Charme und Eleganz besser durchs Leben kommen* – so lautete zumindest der Untertitel ihres 2009 erschienenen Benimm-Buches *Lebensstil.*

Als Direktor Holender die Staatsoper verließ, wirkte sie weiter und wirkte irgendwie erleichtert. Gegen Ende der Ball-Übertragung 2016 überraschte sie die Welt (oder zumindest jenen Teil davon, der noch das Fernsehen eingeschaltet hatte) mit ihrer Ankündigung, ab 6 Uhr früh des Folgetages nicht mehr den Opernball organisieren zu wollen.

Auf die Frage, was ihr schlimmster Ballmoment war, lieferte Frau Treichl-Stürgkh eine Definition des Begriffes »first world problem«: »... als ich auf dem Red Carpet vor dem Bundespräsidenten einen Ohrring verloren habe.« Trotz dieses furchtbaren Zwischenfalls konnte sie 2017 das tun, was sie am besten kann, nämlich sich freuen, und zwar über das Goldene Ehrenzeichen für Verdienste um die Republik Österreich.

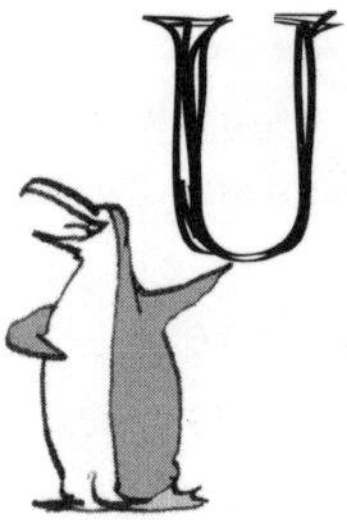

Umbau, der

Das alljährliche Kunststück, ein gut funktionierendes Opernhaus innerhalb von 30 Stunden (weil rund 500 Menschen mithackeln, sind es aber 15 000 Arbeitsstunden) zu einem 50 Meter langen Ballsaal samt angeschlossenen Räumlichkeiten zu ruinieren, nötigt uns allen Bewunderung ab. Der Rückbau für den normalen Spielbetrieb dauert dann plötzlich nur mehr 21 Stunden – wieso eigentlich? Antwort: Weil man nachher immer g'scheiter ist.

Kari & Christoph nannten das lange Jahre von Walter Renner souverän verantwortete Umbauspektakel »den Triumph der Technik über den inneren und äußeren Schweinehund, mit Fernladern, Hochbauern und Tiefbohrern«.

Zunächst wird (und jetzt zitiere ich aus einer ernsthaften Publikation) »die Bestuhlung des Parterres demontiert und auf einem Gerüst ein Fußboden eingezogen, sodass dieser mit der Bühne eine ebene Fläche von etwa 850 m^2 bildet. [...] Zusätzlich zu den 76 Ranglogen werden seit 1985 ergänzend 34 Bühnenlogen in

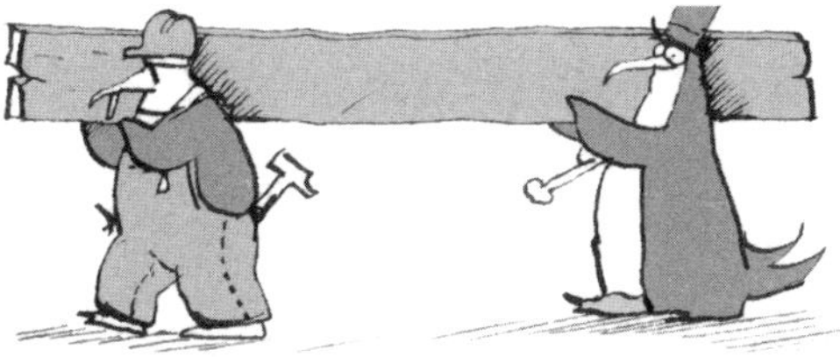

drei Rängen aufgebaut [glänzende Idee, wäre mir nie eingefallen!], die teilweise als Doppellogen ausgeführt sind [und die 200 Tonnen Gesamtlast auf die Waage bringen]. Seit 2008 wird vor dem Haupteingang am Ring ein überdachtes und abgeschirmtes Entrée von 30 × 6,5 m mit rotem Teppich aufgebaut.« Eh klar, der Red Carpet (**dieser**)!

Urlaubsvertretung, die

Während des Opernballs ist die nicht ortskundige Urlaubsvertretung des Platzanweisers (französisch: Billeteur, altösterreichisch: Logenschließer, wohlgemerkt nicht -öffner) meist häufiger anzutreffen als der reguläre Platzanweiser selbst. Dies führt zu einem satten Strom von Suchenden, der sich zwischen Toiletten, Buffets und Casino prinzipiell in die falsche Richtung bewegt. Es soll vorgekommen sein, dass unter großem Druck stehende In-die-Irre-Geleitete das rettende WC zu spät erreichten und daher Logen für elementare Bedürfnisse missbrauchen mussten (**Rauchverbot**). Zur Rettung der Verlorenen wird seit einigen Jahren spezielles Info-Personal im Haus verteilt.

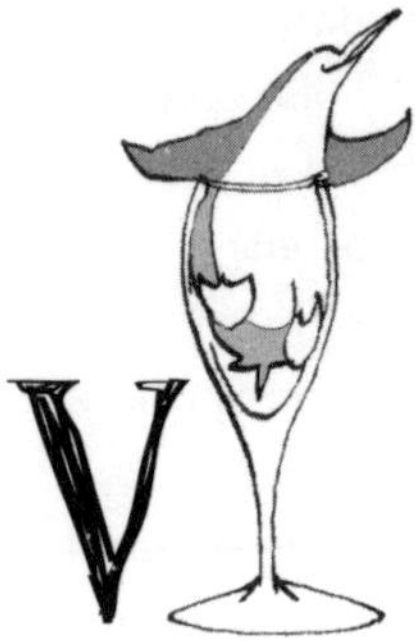

Verpflegung, die

So hat alles begonnen: »Übereinstimmend wurde gelobt, daß es am Opernball bei erstklassiger Qualität nur unwesentlich teurer war als in Geschäften: Eisportionen zu 2 Schilling, Soda mit Himbeer zu 1 Schilling fanden reißenden Absatz. Und noch um 3 Uhr früh mußte man sich im ›Kaisersaal‹ eine halbe Stunde um einen Platz anstellen. Da war nämlich der Heurige …« Das berichtete *Die Bühne* vom ersten Ball des Jahres 1935. Der Heurige (**dieser**) ist mittlerweile einige Etagen tiefer gerutscht. Ja, das Trinken bringt uns alle hinunter …

Die Zeiten haben sich geändert. Nun stellt sich die Preisliste wie folgt dar: Eine Kugel Eis kostet auf dem Opernball 5 Euro, ein Espresso 6 Euro, ein Mineralwasser 7,50 Euro, ein kleines Bier 9 Euro, eine Gulaschsuppe 10,50 Euro und eine Flasche Champagner 487 Euro … da kann man nur sagen: »500 – stimmt so.«

Als Maria Großbauer (**diese**) daranging, den Ball mit Opernzitaten zu pflastern, blieb auch der Nahrungsmittelsektor nicht verschont. Man schenkte, inspiriert vom *Rosenkavalier*, Hippokras aus – folgender Dialog wurde im Fernsehen gehört. Kari: »Mehr als krass – Hippokras. Das ist keine vegane Spezialität für die Nilpferde in Schönbrunn, sondern ein Gewürzwein, der hier ausgeschenkt wird. Kosten wir mal.« Christoph: »Ausgezeichnet … Skikurs-Erinnerungen werden wach – ein High-Society-Jagatee!« Kari: »Den Hüttenzauber können auch Sie zu Hause nachkochen! Wir baden heute ja in einem alkoholischen Meer aus Opernzitaten …«

Ab 2017 schlürfte man den Opernballcocktail, gebraut von Roberto Pavlovic-Hariwijadi, keineswegs der Hudriwudri der Wiener Barmixer-Szene. Im Jahr darauf wurden auch die Kommentatoren in ihrer Klause vor laufender Kamera verpflegt, und zwar mit Trüffel-, Chili- und Käseleberkäse. Aber als ich sagte: »Für Schweiß und Trank ist gesorgt«, wollte Kari das nicht gehört haben.

Ein paar Anmerkungen noch zu den Erfrischungsbetrieben: Die Köstlichkeiten der »Oyster Bar« führten wir mit den Worten ein: »In den Tiefen des Meeres haust eine Kreatur, die sich nicht gewaschen hat: Die Auster.« Im Parterre befindet sich die Crystal-Bar (nicht nach Crystal Schönfeldt benannt), die von der Firma Swarovski noch zusätzlich aufgekristlt wird.

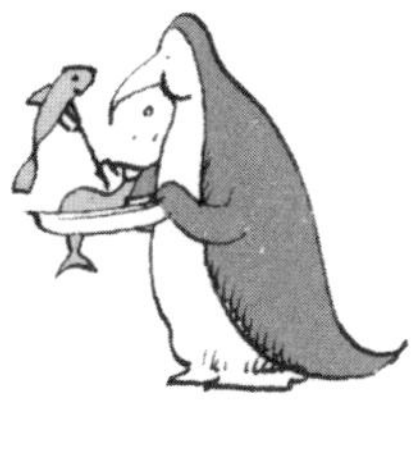

Leider nicht für das Volk zugänglich ist der Teesalon, der Künstlern und anderen Bediensteten des Opernhauses vorbehalten bleibt. Ebenfalls nur mit Protektion betretbar sind der lustige Solistenheurige, der sich im Bühnenhaus in einem Oberstock versteckt, sowie der Empfang beim Staatsoperndirektor. Hier servierte Dominique Meyer lange nach Mitternacht Schaumwein aus seiner französischen Heimat.

Vision, die Tele-

Das österreichische Fernsehen berichtete seit dem ersten Nachkriegsopernball von diesem, seit 1960 immer ausführlicher. Und seit 1972 bietet der ORF Gesamtübertragungen des Ereignisses, die bis in die entlegensten Weltgegenden von der Erhabenheit des österreichischen Vergnügungsbedürfnisses zeugen.

1972 beklagte man noch die außergewöhnlichen Temperaturen, hervorgerufen durch Brigaden alter Scheinwerfer. Die Technik kühlte sich im Verlauf der Jahrzehnte gnadenreicherweise ab.

Dank dem Fernsehen blickt die Welt mehr denn je auf den sogenannten »BallderBälle«. Die gleichnamige Zeitung (*Die Welt* meine ich) konnte 2005 melden: »Der Ruf des aristokratischen Walzer-Spektakels hat inzwischen sogar die Volksrepublik China erreicht. Das Fernsehen des kommunistischen Landes wird das Ereignis übertragen, und zum ersten Mal ist ein chinesisches

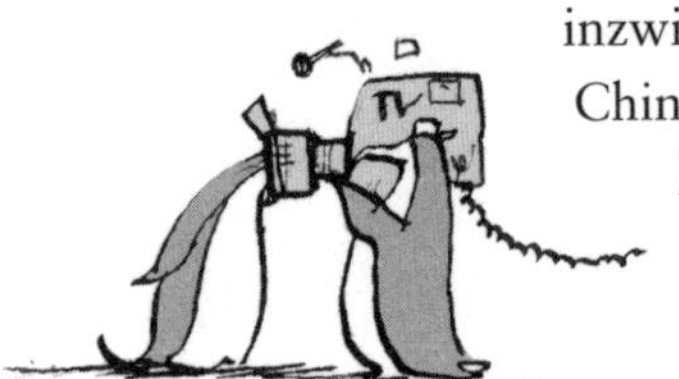

Paar unter den 180 Debütanten, die den Ball eröffnen werden. Zwar ist die Chinesin Hai Me Yang mit ihren 26 Jahren für eine Debütantin eigentlich zu alt – doch offenbar überzeugte das Talent der jungen Dame beim Linkswalzer die strengen Juroren. Dass Österreich sich derzeit um intensivere Handelskontakte zu China bemüht, ist dabei vielleicht kein Zufall.«

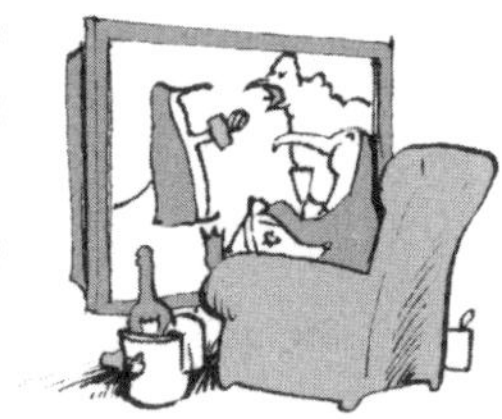

Fernschauen ist ja auch eine Glaubensfrage. Üblicherweise glaubt der Homo sapiens nur, was er sieht; den Opernball sieht er jedoch, weil er es nicht glauben kann. Spätestens seit Erfindung der Übertragung nimmt Gesamtösterreich so richtig am Opernball teil. Alle Betrachter von außen halten das Glamourfest ja für typisch österreichisch, das haben die Österreicher bemerkt und waren fortan stolz auf sich und den Ball. Und was tun die Österreicher (insbesondere die Wiener), wenn sie besonders stolz sind? Natürlich, sie schimpfen: »Es ist ein Skandal, dass Frau Thurnher vorne am Kleid so eine komische Falte gehabt hat!« und so weiter.

Auf meine Frage, wie das Land heißt, in dem 3sat ausgestrahlt wird, antwortete Kari übrigens einmal: »Dreisatanien.«

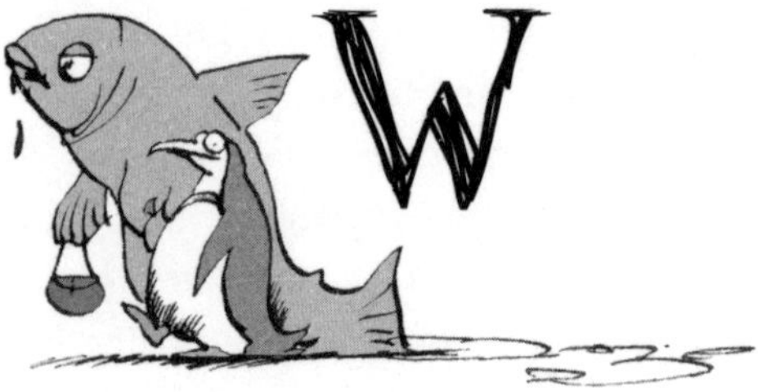

Wagner-Trenkwitz, Christoph
Hohenlohe, Karl

… denn gemeinsam sind sie die »Container-Entertainer«, die »Frackstimmen«, die »Felsen in der Opernball-Brandung« sowie »zwei objektive Gründe dafür, den Opernball *nicht* zu besuchen, sondern fernzuschauen«. Ganz schön unbescheiden – aber es musste sein!

Walzer, der

»Der Tanz der Seele!« – »Die Marseillaise der Herzen!«

Aber jetzt mal sachlich: Walzer ist eine Institution, ohne die in Wien im Allgemeinen und beim Opernball im Besonderen einfach nichts läuft. Während Dampfwalze und Walzwerk keine Begriffe sind, mit denen wir Anmut und Vergnügen verbinden, gilt der Drehtanz (30 Kreisel pro Minute sind Standard) als Inbegriff wienerischer Lebensfreude. Am Anfang, also zu Beginn des 19. Jahrhunderts, noch empörend, verboten-sinnlich und unmoralisch, ist der Walzer in den letzten 200 Jahren (ebenso wie die Wiener Lebensfreude) wohlig gealtert und ungefährlich geworden.

Es gibt auch den langsamen (englischen) und den französischen Walzer. Das Charakteristikum der »Valse parisienne« ist laut dem Tanzexperten C. Haraschin (1880) das Hüpfen: »Die Tänzer hüpfen nämlich zweimal nacheinander, bald mit dem einen, bald mit dem anderen Fuße, drehen sich willkürlich nach rechts und links, vorwärts und rückwärts, ohne sich von der Stelle fortbewegen zu müssen.« Einem Wiener Tanzlehrer müssen da die sogenannten Grausbirnen aufsteigen, denn weder Hüpfen, willkürliches Drehen noch Auf-der-Stelle-Stehen haben etwas mit der Technik des harmonisch fließenden, weit ausgreifenden Lokaltanzes zu tun.

Die wienerische Ausgabe datiert in die Mitte des 18. Jahrhunderts zurück. 1786 wurde Walzer erstmals auf einer Wiener Bühne getanzt, und zwar in einer der erfolgreichsten Opern der Zeit, die aber nicht von Mozart, sondern von seinem Meisterlibrettisten da Ponte in Zusammenarbeit mit dem Spanier Vicente Martín y Soler stammte: *Una cosa rara o sia Bellezza ed onestà (Der seltene Fall oder Schönheit und Ehrbarkeit)*. Die Wiener tanzten die Neuerrungenschaft unter den Namen »Cosa rara« oder »Langaus« nach – Letzterer bezog sich darauf, dass die Walzerdrehungen besonders viel Platz beanspruchten. Mozart, selbst begeisterter Tänzer, zitiert Musik aus Martín y Solers Meisterwerk in seinem eigenen *Don Giovanni* und liefert sozusagen gleich ein musikalisches Copyright mit, wenn er Leporello die Musikkapelle für die Einlage loben lässt: »Bravi! Cosa rara!«

Zu Zeiten des Wiener Kongresses, der bekanntlich ein tanzender war, benebelten strahlende Feste die Hirne der anwesenden Diplomaten, wie der Zeitgenosse Graf de la Garde berichtet: »Nach dem Weggehen der Souveräne begannen die Orchester Walzer zu spielen. Alsobald schien eine elektrische Bewegung sich der zahllosen Versammlung mitzuteilen ... Man kann aber auch die Macht begreifen, die der Walzer ausübt. Sobald die ersten Takte sich hören lassen, klären sich die Mienen auf, die Augen beleben sich, ein Wonnebeben durchrieselt alle. Die anmutigen Kreisel bilden sich, setzen sich in Bewegung, kreuzen sich, überholen sich. Man muss diese hinreißend schönen Frauen gesehen haben, ganz von Blumen und Diamanten strahlend, durch diese unwiderstehliche Musik fortgezogen, glänzenden Meteoren gleich.«

Über Beethoven und Schubert landete das Genre in den Händen der ersten »Walzerkönige« Joseph Lanner und Johann Strauss Vater, Letzterer gab die Kunst an seine Söhne Johann, Josef und Eduard weiter. Auch andere, wie der letzte Hofballdirektor Carl Michael Ziehrer und schließlich der mit der Walzerdynastie nicht verwandte Bayer Richard Strauss pflegten die vollkommene Dreivierteltkunst. Allerdings entwickelte sie sich mehr und mehr von der Tanzuntermalung zum großen Konzertwalzer.

»Walzer« ist ja eigentlich eine Mehrzahlbildung, die entsprechenden Kompositionen bieten uns Ketten von fünf Walzern. Im *Donauwalzer* hat Strauss diese aus früheren Kompositionen »recycelt« (das ist die überprüfte Schreibweise des Lehnwortes, mich erinnert es an »zuzeln«, was auf alpenländisch »saugen« bedeutet).

Bei der Opernballeröffnung wird den Debütant*innen der anspruchsvolle Linkswalzer abverlangt. Bei diesem haben sich die Füße einen Moment lang zu überkreuzen, was vor allem dem starken, aber ungeschickten Geschlecht viel schweißtreibende Übung abverlangt. Anlässlich des Opernballs 1964 stellte sich heraus, dass ausgerechnet der von Moskau entsandte Kosmonaut, Oberstleutnant Pawel Popowitsch, ungeachtet seiner politischen Gesinnung des Linkswalzers nicht mächtig war.

P.S.: Walzer heißt auf Englisch »waltz«, und es überrascht nicht, dass ein aus Wien stammender Schauspieler dieses Namens in Amerika Karriere machen musste. Wenn er mit Vornamen auch noch Wolfgang Amadeus hieße, wäre er wahrscheinlich schon Gouverneur eines US-Bundesstaates.

Würschtelstand, der

Hochdeutsch heißt er Würstchenbude, aber dann schmeckt's nimmer. Neben dem Wiener Opernhaus befindet sich ein solcher, der von Kund*innen vor, nach, während oder statt der Ballveranstaltung frequentiert wird. Freund Hohenlohe, selbst ehemaliger Hersteller von Nobelfrankfurtern (»Fürsteln«), diagnostizierte in diesem Zusammenhang ein Sinnbild des Balls: »So mancher geht als reicher Knacker hinein und kommt als armes Würschtel wieder heraus.«

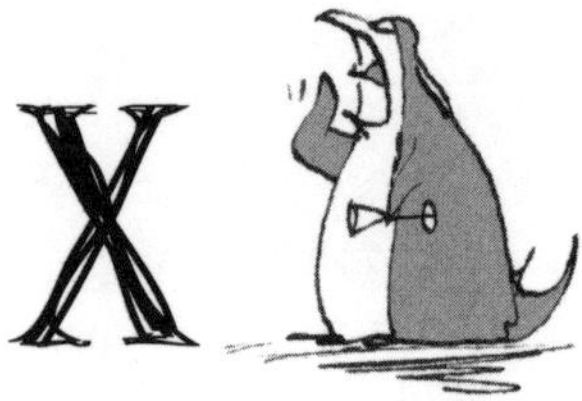

XY ungelöst

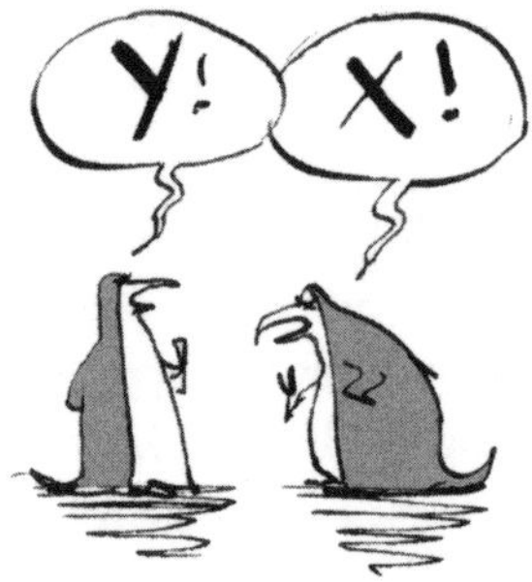

»Der Opernball ist ein Rätsel zwischen Zauber und Zores, und das wird er immer bleiben.« Dies war das Schlusswort des Lexikonartikels, mit dem Kari & Christoph einstmals die letzten drei Buchstaben des Alphabets bemeistert hatten. Aber für dieses Opernball-ABC wollte ich es nicht gar so billig geben. Darum noch ein paar Z-Einträge:

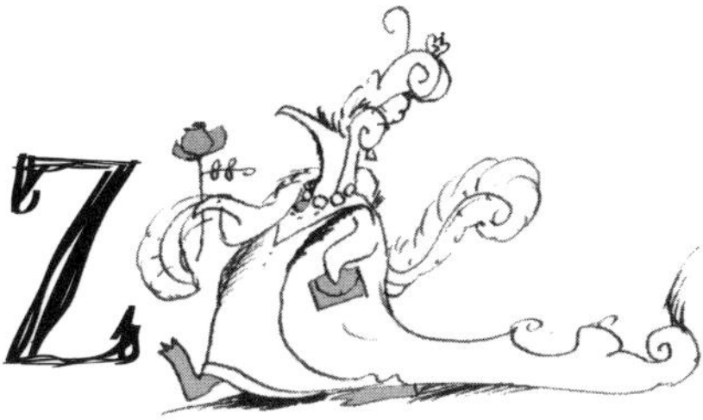

Zahlen und Fakten, die

Unter diesen Stichworten listet die Staatsopern-Website folgende Informationen auf:

- *5150 Ballgäste* Das waren schon mal mehr, aber auf ein paar Hundert Nasen kommt es in diesem Gedränge ja auch nicht mehr an. »4700 Plätze« soll es geben, mehr als doppelt so viel wie an regulären Opernabenden, aber es kommen auch platzlose Herrschaften.
- *144 Debütantenpaare* Da habe ich auch schon mehr gezählt … das heißt, selbst gezählt habe ich sie nicht, aber gesagt wurde mir, dass es 160 Paare inklusive Reservisten sind; Kari rechnet dann alljährlich aus, wie viele Menschen das bedeutet.
- *150 Musikerinnen und Musiker* Glaube ich sofort, allerdings werden nur jene gezählt, die beim Ball auch Musik machen; wenn zum Beispiel Lang Lang überraschend vorbeischneit, ohne seinen Steinway bei sich zu haben, wird er nicht mitgerechnet.
- *171 Blumenarrangements und 480 Blumengestecke* Wie herrlich … ich muss wieder an Schleierkraut denken!

- *Rund 52 600 Gläser* Wie viele davon überleben eigentlich die klirrende Ballnacht?
- *9200 Besteckteile* Mitnahme nach Hause ist untersagt, aber es soll schon vorgekommen sein. »Meine Mutter, eine geborene Gerstner« sagt man kühn, wenn man beim Ausgang gefilzt wird.
- *1000 Sektkühler* Auch für Wein und Champagner verwendbar. Bei der Wirtschaftskammer steht natürlich nur Mineralwasser drin.
- *Rund 320 Personen Bewirtungspersonal während des Balls* Die erkennt man an den Smokings, wenn man diese überhaupt erkennt – **Frack!** Und die 250 Personen Sicherheitspersonal erkennt man gar nicht, sonst würden die sich ja nicht mehr sicher fühlen.
- *Rund 2,5* Millionen *Fernsehzuschauer* Das erscheint mir eine stolze Behauptung, aber vielleicht stimmt es, wenn man alle zusammenzählt. Ich habe einmal Glückwünsche von einer Fernseherin in Marseille bekommen – der Opernball erspart mir das Reisen!
- *30 Stunden Umbau des Opernhauses zum Ballsaal, Rückbau in 21 Stunden* Tapfere Krieger, nämlich so viele:
- *350 Facharbeiter und 150 Hilfskräfte während der Umbauphase*
- *80 Tiefladertransporte für das Tanzparkett, die Bühnenlogen und Verkleidungselemente* Perücken zählen laut meinen Recherchen nicht zu den Verkleidungselementen.

- *Auftragsvolumen von gesamt rund 1,5 Millionen Euro für 50 Firmen für die Auf- und Umbauarbeiten* Wir sichern Arbeitsplätze!

Wenn den Kammerl-Kommentatoren gar nichts mehr einfällt beziehungsweise sich die anwesende Prominenz nicht mehr erkennen lässt, greifen Kari & Christoph gerne zu dieser Liste.

Aber die interessantesten Zahlen fehlen: Was kostet und wie viel bringt der Spaß? Holen wir aus: 1935 wagte *Die Bühne* »die Prophezeiung, der Opernball habe mindestens anderthalb Millionen Schilling ins Rollen gebracht«, während 1964 der Reingewinn 151 611 Schilling bei Brutto-Einnahmen von 2 400 236 Schilling betrug. (Wobei ich das Wort »Betrug« ungern am Ende des Satzes stehen lasse …) 1994 wurde ein Gesamtbudget von etwa 20 Millionen Schilling und Einkünfte von 25 bis 30 Millionen festgestellt. Elisabeth Gürtler berichtete von 17 Millionen Euro »Umwegrentabilität« (das ist jene Größe, die gegenüber Personen ins Treffen geführt wird, die keinen Sinn für den Gehalt eines Ereignisses haben; das gilt für Bälle ebenso wie für alle anderen in einem Opernhaus stattfindenden Veranstaltungen).

2020 dann: »Die Staatsoper lukriert durch das Fest einen Gewinn von 1,1 Millionen Euro.« Die kommen zusammen, weil Logen 13 300 bis 23 600 Euro, Tische zwischen 420 und 1260 Euro kosten. Eine Eintrittskarte (à 315 Euro) und die nächtliche Verpflegung (**diese**) sind da natürlich noch nicht inkludiert.

Der Quadratmeterpreis einer Loge beträgt nach meiner Rechnung rund 3500 Euro.

Noch ein paar Zahlen, die mich faszinieren: Die Menschen waren früher einfach kleiner und hielten offenbar wenig von Respektabständen; denn die Wiener Staatsoper, die heutzutage mit 2276 Menschen (davon 567 Stehenden) vollbesetzt ist, fasste bei ihrer Eröffnung 1869 bis zu 3100 Personen, davon fast 1200 Stehplatzler. Aber das gilt ja nur für Opern- und Ballettaufführungen, und um die geht es hier überhaupt nicht!

Zählung, die

Die stattgehabten Opernbälle zu zählen, scheint einfach: man beginne beim ersten und nummeriere dann durch. Wenn 1956 der erste war, dann erreichten wir 1992 (nach Absage des Balls 1991) den 36. Bis ins Jahr 2020 kommen wir also auf 64 Opernbälle.

Allerdings beruht dieses Modell auf der typisch österreichischen Nachkriegstradition, alles *vor* 1945 besser zu verdrängen. Da es zwischen 1935 und 1939 aber auch schon Ballfeste dieses Namens an der Wiener Staatsoper gegeben hat, können wir fünf Stück dazuzählen und gelangen bis 2020 auf die Zahl von 69 Opernbällen. Und wollte man 1877, bei der ersten Hofopernsoiree, beginnen und alle Ballfeste berücksichtigen, die im Musentempel am Opernring je stattgefunden haben, dann würde man bei der Zahl 119 landen.

Sollte ihnen ein Kommentator also in naher Zukunft die Formel »120/70/65« zuraunen, dann haben Sie es nicht mit einem verschwörerischen Geheimcode zu tun, sondern mit dem Ergebnis der dreifachen Opernballbuchhaltung.

Zauberflöte für Kinder, die

»Der Theaterzettel der zweiten Redoute des Jahres 1879, die Samstag, den 22. Februar, stattgefunden hat, zeigt für Sonntag, den 23. Februar, eine Vorstellung der *Götterdämmerung* mit Beginn um 18 Uhr an«, kündet Christl Schönfeldts Standardwerk über den Opernball.

So ratzfatz ging es in modernen Zeiten nicht mehr zu. Eine Minute nach Ballende rück(t)en die Putz- und Rückbaubrigaden an, damit am Freitagabend eine »leichte« Vorstellung gespielt werden konnte. Seit dem Jahre 2003 lässt man sich einen Tag mehr Zeit. Am Freitag finden zwei Aufführungen der *Zauberflöte für Kinder* vor insgesamt rund 7000 solchen aus ganz Österreich statt. Die erste reguläre Vorstellung gibt es dann am Samstagabend.

Erfunden hat die großartige kinderfreundliche Aktion auf den Weiten des Ballparketts Ioan (**dieser**) Holender; aber nicht nur das, er fügte sich auch mit seiner bis heute unübertroffenen Darstellung eines Baumes szenisch ein.

Zeit, die

Die Zeit ist nicht nur – in Worten Hugo von Hofmannsthals und Tönen von Richard Strauss – »ein sonderbar Ding«, sondern auch ein renommiertes Hamburger Wochenmagazin. In diesem las man (ich nicht, weil ich noch im Bauch meiner Mutter weilte) am 9. März 1962 Sätze, die sich sehr gut als Fazit unseres Büchleins eignen:

»… der Opernball ist so etwas wie ein natürliches Produkt dieser Stadt, ihrer Traditionen, ihrer Schwächen und ihres Charmes. […]

Mag der Opernball […] von Skandälchen und Ärger belastet sein, mag er in Wien selbst kritisiert und im Ausland überschätzt oder in milder Überheblichkeit belächelt werden – wenn das Opernhaus aus allen Fenstern in die Nacht strahlt, wenn der Ball begonnen hat, beginnt auch jener köstliche Moment des Einverständnisses, der bis zum Morgen dauert.«

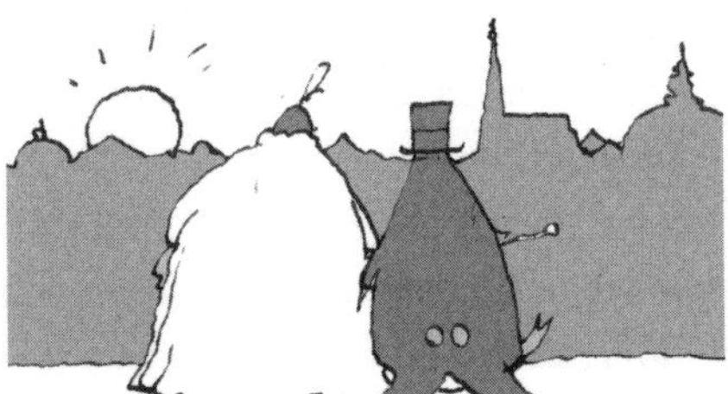

Zweig, Stefan

Zwei kleine literarische Zugaben: Der österreichische Wortmeister widmete in seinem Zyklus *Herren des Lebens* dem Dirigenten Gustav Mahler ein Gedicht, an dessen Beginn die Vorfreude auf einen Opernabend – also warum nicht auch auf den Ballabend – geschildert wird:

> Ein goldner Bienenkorb, in dessen Waben
> Summend das Volk sich drängt, so scheint
> Das Haus mit seinem hingeströmten Licht
> Und der Erwartung vieler Menschen, die
> In schwärmender Erregung sich versammeln.

Danke, Herr Zweig. Auch für einen der schönsten Texte, die je vertont wurden (und zwar von R. Strauss in *Die schweigsame Frau*) und der uns immer umweht, wenn wir die Oper oder ihren Ball verlassen: »Wie schön ist doch die Musik, aber wie schön erst, wenn sie vorbei ist …«

Das ist nun wirklich das Schlusswort, und damit (wie Kari bei der Verabschiedung am Ende einer Ball-Übertragung tatsächlich sagte und damit zehn Euro von Mirjam Weichselbraun gewann, die gewettet hatte, er würde es nicht sagen): »Tschüssikowski.«

Literatur

Ernst Jandl: der gelbe hund. gedichte, München 1988

Kunz, Johannes: Der Wiener Opernball, Wien 2002

Messer-Krol, Ulrike (Hg.): Der Wiener Opernball. Vom Mythos des Walzertanzens, Wien 1995

Prawy, Marcel: Die Wiener Oper. Geschichte und Geschichten, Wien 1969

Schiechl, Sabine: Der Wiener Opernball. Kulturtheoretische Überlegungen zu einer erfundenen Tradition als ruhendem Pol im Wandel der Zeit, Diplomarbeit/Universität Graz, Graz 2001

Schönfeldt, Christl: Der Wiener Opernball, Wien 1975

Weiß, Joachim, ORF (Hg.): Das Lexikon für Österreich in 20 Bänden mit ausgewählten Beiträgen aus den ORF-Redaktionen, Bd. 13, Mannheim 2006

Wiener, Hugo: Wie das Leben so spielt, Wien 1980

https://www.wiener-staatsoper.at/opernball/

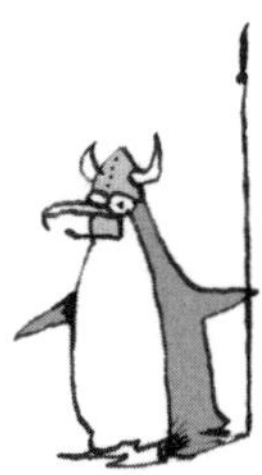

Der Autor

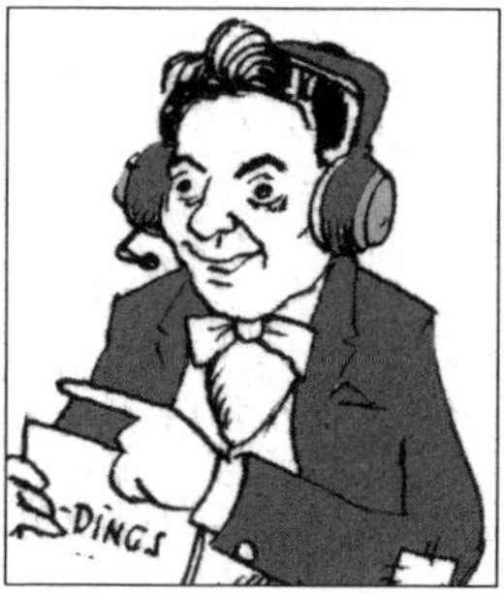

Christoph Wagner-Trenkwitz, Mag. phil., geboren in Wien, ist Direktionsmitglied und Chefdramaturg der Wiener Volksoper sowie seit Herbst 2019 Intendant der Operette Langenlois. Radio- und TV-Moderator (»Pasticcio«, Opernball, Neujahrskonzert), Bühnendarsteller sowie Autor zahlreicher erfolgreicher Bücher über Oper, Operette und Musical. Seit März 2020 Coronabeauftragter seiner selbst.

wagnertrenkwitz.at

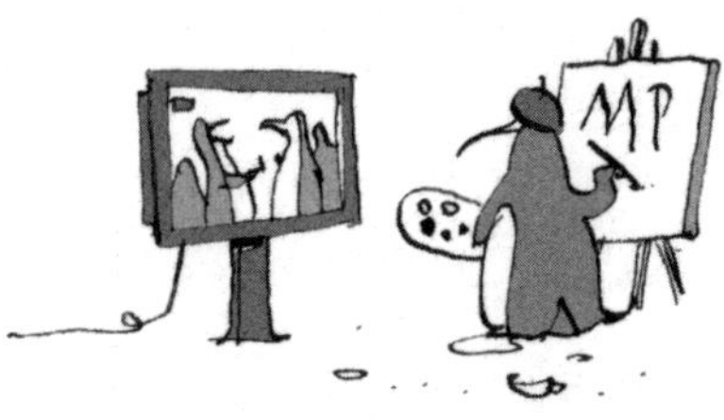
MP